背筋を伸ばしてみたら、私は綺麗だと気づいた

朝倉真弓
Mayumi Asakura

WAVE出版

はじめに

女性はみんな、綺麗になるために生まれてきた

街角のショーウインドーに映った自分の歩き姿にがっかり。

電車の窓に映った猫背の自分に嫌気がさす。

そんな経験、ありませんか？

自分をまじまじと見るのが嫌で、鏡の前でのチェックは1秒でおしまい、なんて人もいるのではないでしょうか。


はじめまして。朝倉真弓と申します。「品格ウォーキング®インストラクター」と「文筆家・講演家」という二足の草鞋で活動をしています。「グレイヘアの人」として知ってくださっている方もいるかもしれません。

インストラクターとしての私が美姿勢や歩き方をレクチャーする際に使っているスタジオの壁一面には、全身が映る大きな鏡があります。案外多いのが、その鏡に映る自分を見ようとしない人。ちらりと目をやったあとに出てくるのは、「足が短い」とか「お尻が大きい」などといった自己否定の言葉ばかりということもあります。

ですが、美しい姿勢の基礎を覚えてもらい、それを鏡の前で実践してもらうと、もれなく全員から華やかな笑みがこぼれます。

やがては、「私ったら、モデルみたい！」なんて言葉までもが飛び出すのです。

たとえ心が追いつかなくても、先に鏡の中の自分の姿勢を整えてしまうことで、自信は自然と芽生えます。

もちろん、自分に魔法をかける方法は、姿勢を正すことだけではありません。メイクやファッションで綺麗を作り出すこともできます。

とはいえ、それは全身のごく一部。自分に合うメイクやファッションを知り、結果を出すには時間もかかります。

それに比べて、姿勢を正すのは、ほんの数秒あればできること。まずは姿勢を整え

ることで気持ちを安定させ、
「私だって、悪くないんじゃない!?」
と微笑むことから人生が好転し始めるのです。

実は、いわゆるプロフェッショナルと呼ばれる人だって、自信満々な人ばかりというわけではありません。

文筆家（ライター）としての私は、ビジネスやスポーツ、芸能など、各界で活躍している3000人以上にインタビューをしてきました。

長い時間お話を伺っていると、取材相手の瞳の奥に不安や迷いを感じることもあります。しかし、多くのプロフェッショナルは、フォトセッションとなると雰囲気が一変。スッと伸ばした背筋につられるように目が輝き、心の迷いなど何ひとつ感じられない笑顔が弾けます。

このように、姿勢が自信を呼び起こす瞬間を、私は何度も見てきました。

振り返ってみると、フォトセッションで美しい姿勢と圧倒的な存在感を見せてくれた人ほど、その後の活躍も目覚ましいと感じます。

美しい、かわいいなど、女性に対する褒め言葉はたくさんあります。ですが、残念ながらその多くは、年齢を重ねるにつれて質を変えていきます。

年を経てもなお輝き続けるのは、その人ならではの生き方や考え方が滲み出る「品格」です。

私が行っている美姿勢とウォーキングのメソッドを「品格ウォーキング®」と名付けたのは、姿勢を通してその人の本質とも言える品格を磨いてほしいから。

自分に自信がないと悩んだ人ほど、その過程までもが人としての深みや魅力となり、あなた自身の品格になります。

大丈夫。まずは姿勢を整えましょう。

そして、自分をないがしろにせず、丁寧に扱ってあげましょう。

この本があなたらしい「綺麗」を見つけるきっかけになり、自信を持って生きるためのみちしるべとなったら嬉しいです。

目次

Chapter 2
他人のための「私」はいらない

Chapter 3

指先まで意識すると生き方も丁寧に

Chapter 4

「美人に見られたい」を捨てると綺麗になる

Chapter 5 立ち止まりながら歩いても大丈夫

イラスト　oyasmur
デザイン　etokumi
DTP　佐々木博則
校正　株式会社ぷれす
編集協力　時政美由紀（マッチボックス）
編集　枝久保英里（WAVE出版）

Chapter

1

背筋を伸ばすと
視線が
3cm上がる

なりたいのは「美人」よりも「品のある人」

「品がある」とはどういうこと？

ココ・シャネルの有名な格言に、このようなものがあります。

「20歳の顔は自然の贈り物。50歳の顔はあなたの功績」

アメリカ合衆国第16代大統領エイブラハム・リンカーンは、

「40歳を過ぎた人間は、自分の顔に責任を持たなければならない」

という言葉を残しています。

どちらの言葉も、年齢を重ねれば重ねるほどそれまでの生き様が積み重なっていき、顔つきを始めとしたその人そのものを形作っていくということを表しています。

シャネルが言うところの「自然の贈り物」に物足りなさを感じている人は、この言葉に励まされ、その後の挽回に期待したいと思われるかもしれませんね。

では、見た目に現れるその人の生き様って、何なのでしょうか。

もちろん、顔に年表が書いてあるわけではないですし、背中に看板があるわけではありません。一見してすぐわかるような指標など、どこにもありません。

ですが、その人全体から漂ってくる雰囲気、言い換えれば、その人独特の「品格」こそが生き様を表しているのではないかと私は考えています。

「あの人は品がある」「あの人は品がない」などと表現されることがありますが、漠然とした「品」「品格」という言葉の裏には、その人の生きてきた軌跡が透けて見えるような気がします。


もう少し「品」や「品格」を掘り下げてみましょう。

振る舞いが優雅で、周囲をさりげなく気遣うことができる人を「品があって素敵な人」と評することがあります。見た目でいうと、身なりを整え、いつも穏やかな笑顔でいるというイメージでしょうか。

このように行動や見た目から「品格」を感じることもありますが、それだけではありません。簡単に折れない気高さや、意志の強さも「品格」のひとつの要素です。

気高さ、意志の強さというと、ちょっと近寄りがたい印象を受けるかもしれません。

ですが、品格は相手にコンプレックスを抱かせてマウントをとるものではありません。周囲を威圧するものでもなければ、ひれ伏せさせるものでもありません。

「あの人は大切に扱いたい」と周囲に思わせるような凛とした存在感はあるけれど、それが嫌な圧力にならないのが「品のある人」の特徴です。


先ほど、品格は生き様だと書きました。

ですが、逆に外側から「品格のある人」を目指すことで、内側の生き様を整えることもできると、私は信じています。

まずは自分の外側を整え、この先の人生を品良く歩んでいけばいいのです。

品格を磨きたいなら姿勢を正す

品格がある人は、笑顔が美しく、所作が美しいというイメージがあります。

その笑顔や所作の美しさを下支えしているのは、一本の筋が通った姿勢です。

品格を磨きたいと思ったら、今この瞬間から姿勢を正してみませんか。

肩甲骨を寄せて背筋を整え、正しく立つ。美しく座る。そして、颯爽と歩く。慣れないうちは辛いかもしれないし、すぐに元の姿勢に戻ってしまうことでしょう。ですが、正しい姿勢が習慣になると、視線が上がり、呼吸が深くなっていきます。視線を上げた状態で、ネガティブなことを考えることはできません。深い呼吸で、セカセカとしたがさつな動きはできません。姿勢を正すことで全てが解決するとは言えませんが、ただ姿勢を正し、美しく歩くだけで、あなたの気持ちが前を向き、あなたを取り巻く世界も変わることは間違いのない事実です。

あなたが積み重ねてきた生き様を優しく肯定し、品のある人への変身を後押しするのは、ほかでもない、あなた自身の姿勢です。

いつしかあなたの顔も、シャネルやリンカーンの言葉の通り、もともとの造作を超えた品のある顔つきになっていくことでしょう。

「ありのまま」は「努力しないこと」ではない

「ありのまま」に対する違和感

ここ数年、耳にするたびにモヤッとした違和感を抑えられなかったのが、「ありのまま」という言葉です。『アナと雪の女王』の劇中歌で有名になりましたよね。

「ありのまま」という言葉がよく使われていた２０１８年頃、白髪を染めないグレイヘアという言葉が広まり始め、注目されました。

「ありのままの自分がいいと気づいた大人の女性が、白髪染めをやめて大変身！」などといった文脈で使われることが多かったように記憶しています。

今ではすっかりグレイヘアがトレードマークとなった私ですが、当時は、長く悩んだ果てに白髪染めをやめてグレイヘアデビューをしたばかりの頃でした。テレビや雑誌、新聞などに取材をしていただき、「ありのままを選択した人」としてご紹介いただく機会にも恵まれました。

ですが、私自身は「ありのまま」という言葉を使うことはありませんでした。

「何かが違う……」と感じつつ、それを上手に言語化できなかったのです。

最近になって、ようやく「ありのまま」という言葉に対する違和感の正体がわかってきました。

「ありのまま」というのは、何もしないことではありません。

社会性を一切無視した「わがまま」とも違います。

それなのに、自分自身に対して気配りもケアも一切せず、何も手をかけないことの言い訳のような文脈の中で「ありのまま」が使われることに違和感があったのでした。

「ありのまま」は、ズボラや諦め、わがままを開き直るための言葉ではありません。

自分を最大限大切に扱ってあげる。

自分をいたわるケアや自分をより輝かせるケアはし続ける。

その上で、自分を痛めつける苦痛なものは思い切ってやめてみる。

そのやめたことのひとつが、私にとっては白髪染めだったというだけなのです。

自分への気配りこそが他人への気配りに

グレイヘアにしたあと、

「白髪染めをやめるなら化粧もしなければいいのに」

「ありのままとか言ってる割に、ウォーキングとかカッコつけているのがキモい」

といったコメントが来たことがあります。

こうした批判の言葉に対し、私はどう答えていいのかわかりませんでした。

でも、今ならわかります。

自分に気配りできない人が、他人に気配りできるはずはありません。

私はメイクやファッションを楽しむことで自分をケアし、気持ちを高めています。

常に自分の姿勢を正しく保ち、より健康に、より美しくいられるように努力しています。

逆に、メイクはやめても、丁寧なスキンケアはもちろん、白髪染めなどのヘアケアを通じて自分自身を労っている人もいます。

何はなくとも、ネイルケアこそ自分を「上げる」要素だと考え、楽しんでいる人もいるでしょう。

自分に対するケアの形は人それぞれ。こうした自分に対する小さな気配りの形が、その人の持つ「品格」となり、社会に対する気配りになると思います。


自分をもないがしろにした「ありのまま」で社会に生きることはできません。なりふり構わないわがままやズボラが、周囲を気持ち良くさせたり、誰かに勇気を与えたりするなんてことは、絶対にないのです。

それぞれが自分に気を配り、理想的な自分を「ありのまま」に演出しながら生きられる社会こそ、人に優しい社会なのではないかと考えています。

心よりも体のほうが楽に変えられる

私を救った「姿勢を正して歩く」こと

ところで皆さん、今、本を読んでいるこの瞬間、猫背でへの字の口になっていませんか?

頬づえをついている人もいるかもしれませんね。

すぐに姿勢を正して、微笑んでみてください。

そう、その姿勢、その表情が、良い自己暗示のもとになります。

私が姿勢を整えることや正しい歩き方の大切さに開眼したのは、２０２０年より突然始まったコロナ禍がきっかけでした。

私にとって２０２０年は、講演家としての仕事が舞い込み始め、文筆家としての書く仕事に加えて話す仕事にも力を入れていこうとしていた時期です。人前で話す仕事は全てキャンセルになり、新たにオファーが入ってくることはなくなりました。

一方で、会社員の夫は在宅勤務となり、朝から晩まで24時間、顔を突き合わせる生活が始まりました。結婚して以来、初めての出来事です。

長い時間一緒にいると、お互い小さなことが気になります。彼からすれば、私の働き方はぬるいと感じたのでしょう。収入のない状況に関して嫌味を言われることが増えました。自然と私は、彼の顔色をうかがい、背中を丸めて過ごすようになりました。

さらに悪いことは続きます。

2021年1月、私は体調を崩し、10日間入院することになりました。

このときはブックライターとして一冊本を書く仕事を請け負った時期であり、ここでもまた、仕事を失ったらどうしようという不安と戦うことになりました。

幸い大事には至らず、今は元気にしておりますが、この入院で私は実感したのです。人間には、講演や本を介した言葉による働きかけだけではなく、体を動かすことによるフィジカルへのアプローチも必要なのだということを。

ストレスが大きかったコロナ禍の環境の中、私を助けてくれたのは、姿勢を正して歩くという行為です。遠出もままならなかった当時は家の周囲を散歩する人が多く、私もまた、散歩ぐらいしかすることはありませんでした。

家から出て一人になり、最初はトボトボと下を向いて歩きます。下を向いているうちは、どうしても思考が内側に向かいます。

「どうして私はこんなに何もできなくなってしまったのだろう？」

「私には何ひとつ価値がないんだな……」

そのうち、呼吸が上がるとともに、顔が前を向きます。すると、なぜか怒りが湧いてきます。

「いや、私だって家事を全てやってるし！」

「仕事が減ったとはいえ、ゼロじゃないし！」

やがて、しっかりと前を向き、姿勢を正して、深い呼吸とともに歩けるようになってくると、心も平穏になってきます。

「私は私。今はたまたま活動が実を結んでいないだけ。くさらずにやっていこう」

こうして小さな自信を育み、帰宅することを繰り返していたのでした。

外見の変化が内面の変化をリードする

美しい姿勢や正しい歩き方で体を整えると、猫背などの要因で縮こまっていた臓器が正しい位置に収まり、体の巡りが良くなっていきます。加えて、視線が上がり、呼吸が深くなっていくことでメンタルが安定し、自分に対して良い自己暗示をかけて自信を持つことができます。

ほんの一粒ほどの小さな自信であっても、それを胸に秘められるようになると、言われたことにいちいち反応しなくなります。これまで嫌味と受け取っていた夫の言葉や態度の数々も、「応援の裏返しなのかも」と受け流せるようになってきました。

もちろん、こうして整えた外見にふさわしい内面を育てていくという努力も、同時並行で行うべきでしょう。一粒の自信を本物の自信へと大きく育てるためには、小さな成功体験を積み上げるなど、自分が納得できる状況を作っていく必要があります。それには、ある程度の時間が必要です。

でも、外見の変化のほうが結果も出やすく、その姿が内面の変化をリードしてくれることを考えたら、外見磨きをおろそかにしてはいけないと信じています。

背筋を伸ばすと ネガティブなことは考えられない

メンタルとフィジカル、どちらも大切

人の心は、ふとしたことで揺れ動きます。そこには、コロナ禍のような社会的要因もあれば、学校や会社、ママ友などのコミュニティにおける人間関係による要因もあります。自分はメンタルが強いほうだと信じている人であっても、思いがけない逆風にさらされて倒れ込むことだってあるかもしれません。

こうした外的要因に翻弄されない強さを持つには、言葉によるメンタルへのアプローチとともに、体を動かすことで得られるフィジカルへのアプローチも必須だと、私は強く感じています。

歩きで心と体が整う心地よさを知った私は、真剣にウォーキングを習ってみようと思い立ちました。そして、習うのであれば、美姿勢とウォーキングの効果や楽しさを教える立場を目指そうと決めました。

そして今、私はウォーキングインストラクターとして活動しています。


いろいろな形のレッスンを行いながら、改めて気づいたことがあります。「心と体はとても素直な関係で結ばれている」ということです。

試しに皆さん、一度本から顔を上げて、大きく深呼吸をしながら背筋を伸ばし、胸を広げてみてください。そして、アゴを軽く引きつつ、視線をやや斜め上に定めながら、「はぁ、気持ちがいい！」と心の中で唱えてみてください。

どうでしょう？　心も体もスッキリしませんか？

では、その良い姿勢のまま、ネガティブなことを思い浮かべてください。

苦手な同僚のことでも、美味しくなかったランチのことでも、ぎゅうぎゅう詰めだった通勤電車のことでも何でもいいです。そして、こう唱えてみてください。

「もう、本当に嫌！　サイアク！」

……うまくできましたか？

できなかった、もしくは、ネガティブなことを思い浮かべて「サイアク！」と唱えたとたん、アゴが前に出て、姿勢が崩れたという人が大半だと思います。

良い姿勢で「サイアク！」と呟いてみたら、おかしくなってきて笑ってしまった、なんて人もいるかもしれません。

それくらい、姿勢と気持ちは連動しています。良い姿勢でネガティブなことは考えられないし、逆に崩れた姿勢でポジティブなことを考えることもできないのです。

姿勢を整えると気持ちが前を向く

実は、歩きも同じです。

歩きの要素は、姿勢が7割、手足の動きが3割と言われています。そのくらい基本の姿勢が大切で、美しい姿勢が習慣化されることで体幹が鍛えられ、安定した歩きへとつながっていくのです。

姿勢が整って呼吸が深まり、視線が高くなると、自然と気持ちも前向きになります。性格を一気に変えるのは難しいですが、姿勢を整えることで、姿勢につられるように気持ちも前向きになることは、私もたくさんの生徒さんも経験済みです。

そしてまた、正しく美しい姿勢をキープして、正しく美しい歩きができるようになると、さらに気持ちが上向きになり、表情や印象まで変わっていきます。

正しく美しい姿勢が身につく

⬅ ポジティブシンキングがしやすくなる

⬅ 自信に裏付けられた存在感が生まれて印象が激変する

⬅ ネガティブな人が寄ってこなくなり、大切に扱われるようになる

⬅ 良い運気がみなぎってくる

何も難しいことはありません。最初の一歩は、自分をないがしろにせず、そっと姿勢を整えて深い呼吸をすることなのです。

姿勢の良い人は周りから大切に扱われる

体が変わったら自信が生まれた

「芸は身を助く」という言葉があります。

一芸に秀でていると、困ったときにそれが助けになるといった意味なのですが、「姿勢の良さもあなたを助けて、人生を切り拓いていく糧になる」などと言ったら、大袈裟だと思われるでしょうか。

姿勢が良いことで得られるメリットとしては、深い呼吸ができるようになることによるリラックス効果や、視線が上がることでポジティブシンキングがしやすくなる効果などがあります。

また、正しい姿勢をとるためには、体幹の深部にあるインナーマッスルの働きが欠かせません。体の表面にある筋肉ではないため、見た目には働いていることを確認しづらいのですが、長い時間姿勢を保ち続けることや、安定した動作をし、バランスをとり続けるのに必要な筋肉です。

このインナーマッスルを正しく働かせる姿勢を意識しただけで、1か月でジーンズのサイズがひとつ下がったという生徒さんもいらっしゃいます。お腹周りがスッキリとしたことで、服の着こなしに自信がつき、おしゃれが楽しくなったと教えてくれました。

「堂々と見える」効果で大切にされる

ですが、正しい姿勢のメリットはこれだけではありません。

姿勢を正した瞬間に目に見えてわかる、「堂々として見える」という効果が侮れないのです。

姿勢が良い人は、それだけで自信に満ちて見えます。背筋が伸び、頭の位置が前に出ていない（いわゆるスマホ首になっていない）状態でスッと立っているだけで、ほかの人とは違う存在感があります。

そんな姿勢美人を、ぞんざいに扱う人はいません。

「人は見た目が9割」とも言いますが、第一印象の半分以上は、その人の顔の造作の細部や体つきというよりも、全身をパッと見た雰囲気で感じ取ったものです。多少ふくよかであったり、細すぎたりしていたとしても、堂々とした姿勢を保っている人は、それだけで印象が良くなります。

逆に、目鼻立ちがとても美しくて理想的な体つきの人であっても、猫背で下を向きがちな人から快活さや信頼感、安心感といった印象を受けることはありません。第一印象で大きく損をしてしまっています。どちらと食事に行きたいかといえば、やはり堂々とした良い姿勢で微笑んでいる人と一緒に行きたいと思うでしょう。


第一印象で損をしていると言いましたが、それだけならまだいいのです。

猫背でうつむいている人が引き寄せてしまいがちなのが、クレーマーや痴漢といった困った人たちです。

何か文句をつけて憂さ晴らしをしようという人が店に入ってきたとしましょう。

堂々とした美しい姿勢で立っている店員さんと、猫背で下を向いている店員さんのどちらを捕まえて因縁をつけようと思うでしょうか。

痴漢をしてやろうと思う人が手を出すのは、しっかりと前を向いて背筋を伸ばしている人でしょうか。それとも、オドオドとして小さくなっている人でしょうか。

クレーマーや痴漢の気持ちを想像するなんて難しいかもしれませんが、おのずと答えは出てくるはずです。姿勢が良く、自信に満ちているように見える人にわざわざ手を出す悪人はいません。「コイツなら何も言い返してこないだろう」と見くびった相手に対して手を出すのです（もちろん悪いのはクレーマーや痴漢であり、「されるほうが悪い」という話ではないことを付け加えておきます）。

姿勢とマインドは、深い関係にあります。

実際に自信があるか否かはともかく、姿勢を正すことで、まるでオーラを纏ったかのような独特の雰囲気が生まれます。

その姿勢をキープすることで、少しずつ楽しい出来事が増え、嫌な思いをすることが減っていくと、本物の自信が積み重なっていきます。

良い姿勢を身につけることこそが、大切な自分を守る近道なのです。

姿勢を正すと「断る」ことができる

断れない人と断れる人の違い

「頼まれごとは試されごと」という言葉を耳にしたことはありますか？

多くの人が座右の銘にしている言葉ですが、もともとは中村文昭さんという講演家の方がおっしゃった言葉です。

何かを頼まれたということは、相手はこの人ならできると信頼して頼んでいる。だから相手の期待値を超えるよう努力を重ねることで、相手も喜んでくださるし、自分も成長できるという意味を込めた言葉だそうです。

この言葉は人生において重要な示唆を与えてくれますが、一方で、「もうすでに手一杯なのに、頼まれごとを断ることができない」と悩む人がいるのも事実。また、このような「断れない人」の好意に付け込むように、自分の役割まで押し付けてくる人もいます。

一方で、無理な頼まれごとをサラッと断ることができて、断っても相手に嫌な気持ちを残さない「断り上手な人」がいます。

断れない人と断り上手な人、何が違うのでしょうか？

大前提として、頭ごなしに「ノー」と告げてはいけないというのは、おわかりだと思います。

仕事を頼まれたのであれば、

「役立ちたい気持ちはあるのだけれど、今はほかの仕事で手一杯なので」

ランチ会のお店探しを頼まれたのであれば、

「その辺りの土地勘が全然ないので」

その上で、「〇日以降ならお手伝いできます」とか「候補を出してくださったらお店との電話交渉や予約はします」など、無理のない範囲で代替案を出すと印象が良いですよね。

伝えづらい言葉ほど美しい姿勢で堂々と

　ところが、こういった断り方をしてもなお、相手に納得してもらえない人がいます。皮肉なことに、人間関係を大切にしたい、自分よりも他人を優先しがちといった心優しい人ほど陥りやすい現象です。

　こういった人は、やはり立ち居振る舞いに自信が感じられないことが原因のひとつであることが多いです。「断る」という行為に後ろめたさがあるあまり、声が小さくなったり、語尾がはっきりしなかったり。相手の目を見て断りの言葉を発することができないという人も多いのではないでしょうか。

　弱々しく断られると、相手は「もうワンプッシュしたら受けてくれるかも」などと考えてしまいます。あなたに意地悪をしているわけではなく、単純に「もう一押ししてみよう」と思ってしまうのです。

　そこでまた、背中を丸めて視線を合わせないままモジモジと断ると、相手の怒りの導線に火をつけてしまいかねません。

姿勢の悪い人ほど弱々しく見えるので、ご機嫌斜めな人の攻撃の対象になりやすいというのは、前の項目にも書いた通りです。

伝えづらい断りの言葉ほど、背筋を伸ばして毅然とした態度で口に出してしまいましょう。その上で、無理のない範囲の代替案を伝えれば、相手も聞く耳を持ってくれるはずです。

仕事においても友人との交流においても、美しい姿勢と堂々とした態度、そしてにこやかな笑顔が、あなたの尊厳を守ってくれるのです。

全身が調和すれば人生も変わっていく

歩きの改善は日常の見直しと似ている

歩きとは、片足立ちの繰り返しです。

正しい姿勢を片足立ちで作り、それを左右交互に繰り返していけば、美しい歩き姿になります。

……と、言葉にするのは簡単ですが、やってみると案外難しい動作です。普通の速度では問題なく歩けるのに、片足立ちを意識しながら一歩一歩ゆっくりと足を出してもらうとフラフラしてしまう、なんていう人も多く見受けられます。

ウォーキングのレッスンで行うメニューに、片足ずつ立つ練習や、後ろ足を意識して地面を蹴る練習があります。ひとつひとつの動作は限りなく地味で、こんなことをして美しい歩きになるのかと不安になる人もいるかもしれません。

ですが、こういった地味な練習をせずに、美しい歩きは完成しないのです。

急いでサラッと流してしまえば誰にでもできるのに、ひとつひとつの動きを確認しながら行うとつっかえてしまう歩きは、私たちの日常、ひいては人生にも似ている気がします。

仕事も家事も、流れ作業になっている部分は慣れたものだけれど、ひとつひとつの意味や役割を考え出したら、たくさんの改善の余地がある。でも普段は改善するのが面倒で、見て見ぬふりをしている。

歩きを見直し、修正していく作業は、日常の「お片付け」や「断捨離®」のようなものなのかもしれません。

仕事も体も負担は分散させたほうがいい

姿勢を整えることで外見が変わり、気持ちも変わっていくというのは、これまでお話ししてきた通りです。

では、正しく美しい姿勢とは何かというと、体のインナーマッスルを総動員した立ち姿、座り姿のことを指します。インナーマッスルが整えられ、鍛えられたら、これ以上楽で効率的な姿勢はありません。

ですが、土台となるインナーマッスルが弱っていると、本来は楽な姿勢なのに、どこかがキツいと感じます。インナーマッスルは、別名、姿勢保持筋とも呼ばれます。その名の通り姿勢を保ち続けるための筋肉なので、それが弱ってしまうと美姿勢の維持が難しくなってしまうのです。

姿勢だけではなく、美しい歩きも同じです。

歩くには体の外側にあるアウターマッスルの働きも欠かせません。ですが、これもまた、全身の筋肉を総動員する必要があります。

よく「歩くと太ももの前側ばかりが発達して太くなってしまう」とか、「スネの外側がモリモリと大きくなってしまった」などという声を聞きますが、本来は脚の前側や外側だけではなく後ろ側の筋肉も使うもの。美しく歩けば歩くほど、太ももの後ろ側もお尻も引き締まっていきます。

さらに言えば、下半身だけではなく上半身の筋肉も総動員して歩くのが、美しい歩き姿の秘訣です。

つまり、美しく立ったり座ったり、歩いたりしているその瞬間、あなたは持っている筋肉を総動員しているはずなのです。


歪んだ姿勢やぎこちない歩き方の原因は、どこかの筋肉にだけ大きな負担がのしかかっていたり、どこかの動きが制限されていて凝り固まっていたりするから。

これって、あなただけに負担がのしかかっている仕事や家事と似ていませんか？

本当は、ほかの誰かに任せてやらせてみたほうがいいこともあります。最初は自分がやったほうが早いのでイライラするかもしれませんが、長い目で見たら、みんなで分担できたほうが楽ですよね。

それと同じで、最初の違和感を乗り越えて体全体が調和して動くようになると、今までが何だったんだろうと思うほど楽で美しい動きになります。

体の動きが滑らかで美しくなればなるほど、気持ちも前を向き、自信に裏付けられた存在感が生まれて、あなたの印象も変わっていくはずです。

column 1

正しい姿勢の作り方

正しく美しい姿勢は、「歩き」を含むすべての立ち居振る舞いの基本です。正しい姿勢は、体幹（体の胴体部分）のインナーマッスルを総動員した姿勢を指します。インナーマッスルが整えば、これ以上楽な姿勢はありません。

体幹を支えるインナーマッスル

体幹のインナーマッスルとは、お腹の内臓を包む４つの筋肉群のこと。インナーマッスルに囲まれた袋に内臓が詰まっていると想像してみてください。

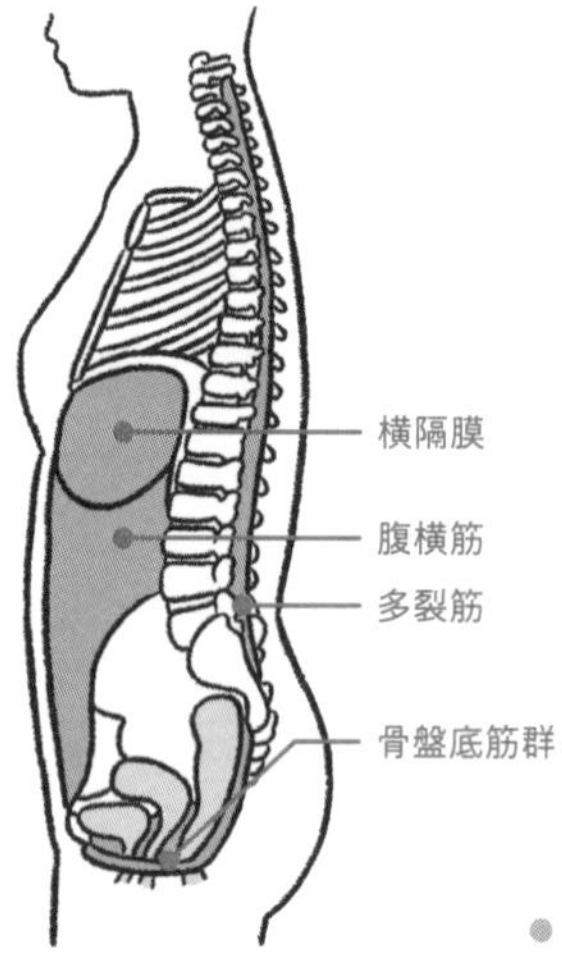

インナーマッスルは紙袋をイメージして。紙袋の上部は呼吸で動く「横隔膜」、前面は俗にコルセット筋とも呼ばれる「腹横筋」、背面は背骨と繋がっている「多裂筋」。下部は「骨盤底筋群」で、ここが弱ってくると尿もれなどの症状が起こりやすくなります。

美姿勢の基本

立位

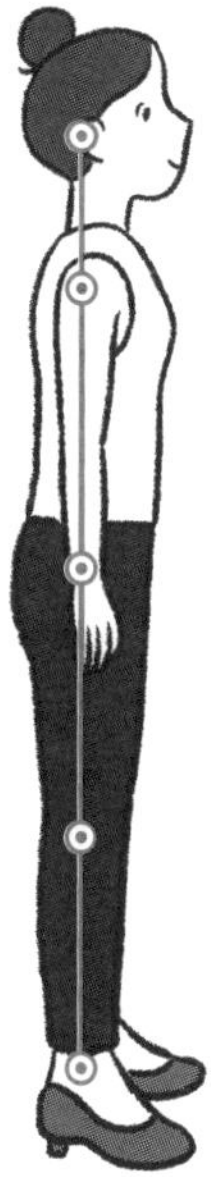

立位、座位の美しい姿勢のポイントを説明します。

❶ 立った姿勢を真横から見たとき、くるぶし、膝、腰、肩先、耳が一直線になっています。

❷ 重心は、裸足（またはフラットシューズ）の場合は土踏まずの中心、ヒールがある靴の場合はくるぶしの下あたりを意識します。

❸ 体幹と内股には力が入りますが、肩や腕、首は力まないようにしましょう。

座位

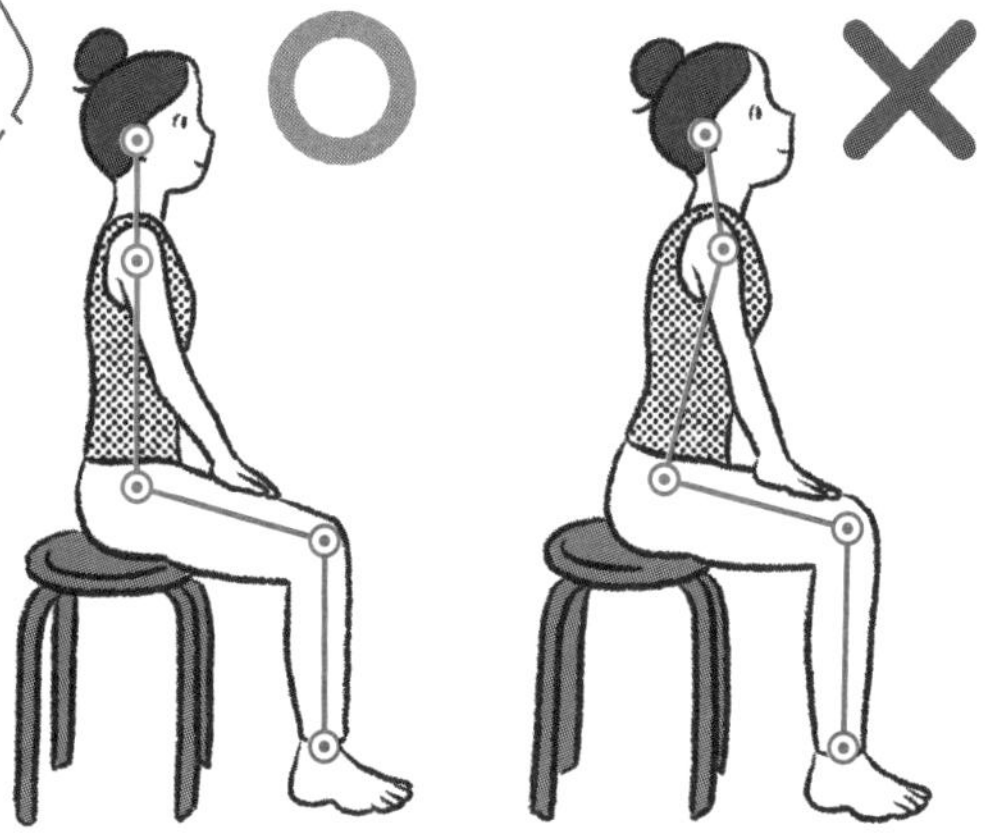

座り姿勢も、この5つのポイント（くるぶし、膝、腰、肩先、耳）が基本になります。体幹の紙袋をキープしたまま、腰は反らずに座ります。

猫背や反り腰は危険！

悪い姿勢は見た目だけでなく、健康被害も起こします。猫背、反り腰は要注意な姿勢です。

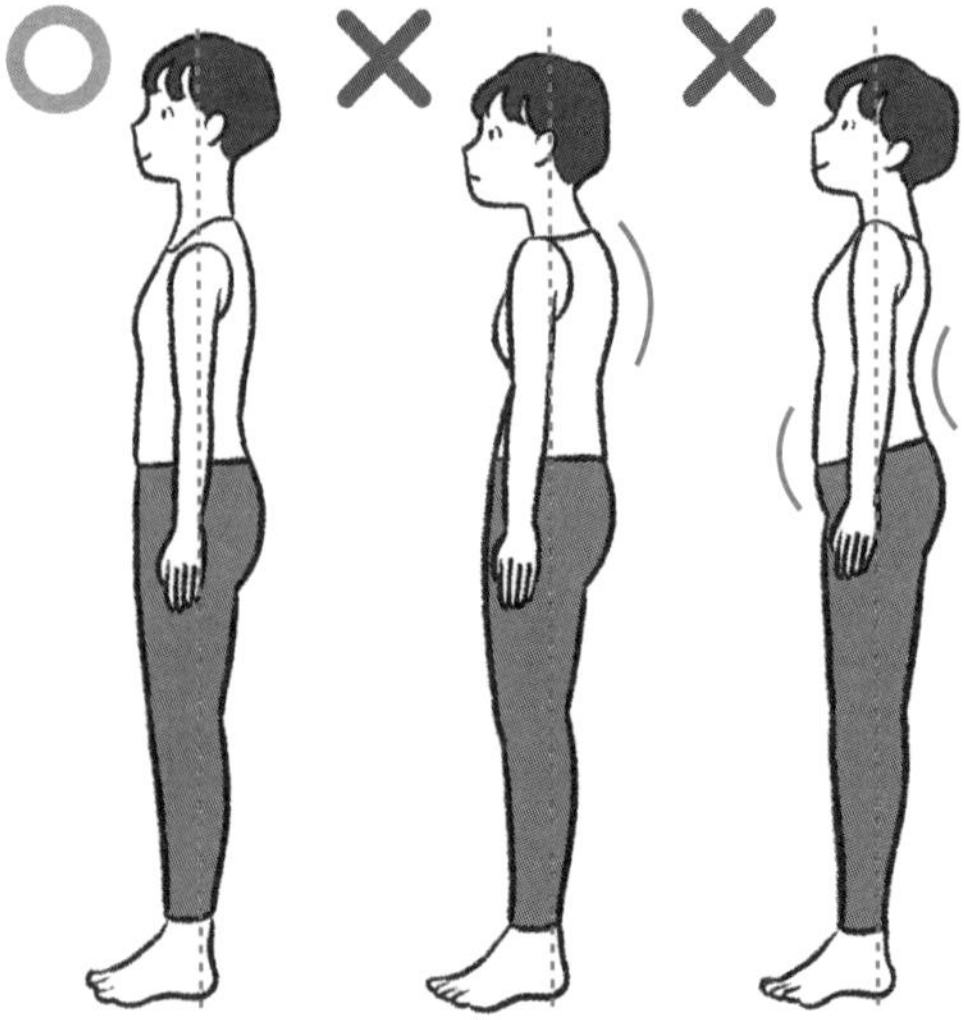

正しい姿勢

姿勢を真横から見たとき、くるぶし、膝、腰、肩先、耳が一直線になっています。

猫背

全体の重心が下がり気味になり、背も低く見えてしまいます。

反り腰

一見良い姿勢に見えますが、腹部の筋肉が使えていないので、肋骨の下からお腹がぽっこりと出てしまいがち。また、この姿勢を取り続けることで、腰痛を発症する危険があります。反り腰にならない美姿勢の基本は、130ページの「壁立ち」に関するコラムを参考にしてください。

頭の正しい位置

あごと鎖骨の位置をチェックして「スマホ首」を修正しましょう。

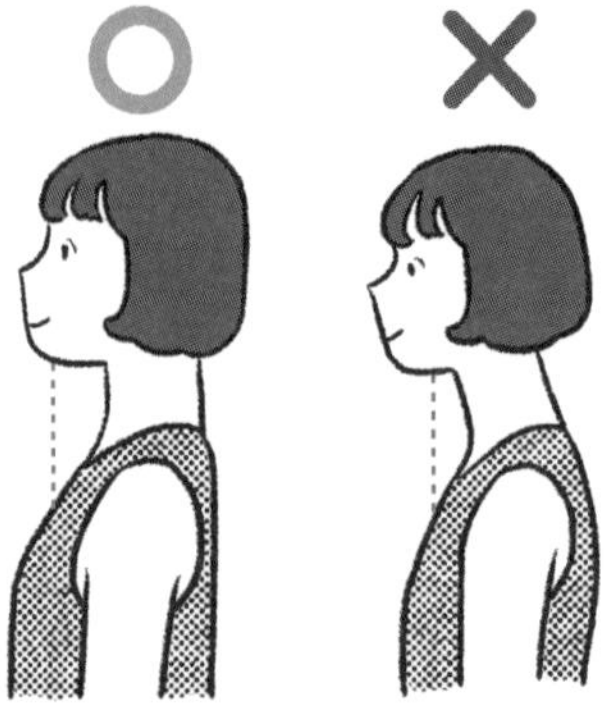

あごが鎖骨よりも前に出ている人は、頭が前傾しています。正しいのは、あごと鎖骨が同じライン上にある姿勢です。

Chapter

2

他人のための「私」はいらない

また人と比べてしまった……

心が揺れるのは、同じフィールドにいるから

私は、インスタグラムやツイッターなどのＳＮＳが好きです。自分自身も発信していますし、ほかの人の発信を見るのも大好きです。

インスタグラムは、美味しいお店や楽しいイベントなどの情報収集のツールとしても使っていますし、素敵な人を探しては、惚れ惚れしながらその生活を拝見することもあります。ツイッターやブログなどの文字を中心としたＳＮＳは、誰かの文章の巧みさやユニークさに感心したり、その感性の柔らかさに驚いたりすることもあります。

ただし、そういったＳＮＳの発信者と自分を比べて、落ち込んだり苦しんだりするようなことだけはしないように心がけています。

ＳＮＳの発信を見ても必要以上に心が揺れないのは、誰しも素敵な瞬間、映える瞬間を切り取って、写真や動画、文章などにデザインし直しているということを知っているから。自分自身も発信者だからこそ、映える瞬間の背後には、何十倍もの映えない日常が隠れていることを体験として知っているからです。

とはいえ、ツイッターやブログの文章に関しては、まだ少しだけ人と自分を比べてしまうことがあります。

それはおそらく、私が20年以上にわたって文章を生業にして生きてきたから。だからこそ、年齢を問わず素敵な文章を発信している人には、心からの賞賛の気持ちに、ひとさじの嫉妬心が混じってしまうのです。

こう考えると、自分の心がより大きく揺れ動く分野こそが、本当は自分がやってみたい分野なのだと言えるのかもしれません。人と自分を比べてしまうのは、比較対象の相手を自分と似ている存在だと捉え、あわよくば「勝てる」相手であると捉えているから。同じフィールドにいる、と言い換えることもできるでしょう。

話を単純化してみるとわかりやすいと思います。たとえば、あまり馴染みのない海外の国の、とんでもない大富豪の奇抜なファッションと自分の装いを比べて、がっかりしたり嫉妬したりするでしょうか。

がっかりや嫉妬という感情を持つ以前に、そういう人と自分を同じフィールドには立たせないと思います。ただ単に、そのゴージャスさに唖然とするだけでしょう。

一方で、同じくらいの年齢で似たようなレベルの生活をしている人のファッションがとても洗練されていたとしたら、どうでしょう。

素直に素敵だなと思いつつ、ちょっとだけ胸がざわつく人もいると思います。それはきっと、あなたがファッションにとても興味があって、同じフィールドにいる人のファッションを自分ごととして捉えることができるからです。

モヤモヤする気持ちは伸び代がある証拠

しょっちゅう人と比べてモヤモヤしてしまう、自分を否定してしまうという人は、まずは自分のフィールドが広いんだな、興味がある分野も多いんだなと認識してください。それは決して悪いことではありません。自分にはそれだけの伸び代があり、キャリアや趣味として追求していける選択肢も多いということです。

また、心の柔らかさがなければ、心が揺れ動くこともありません。嫉妬心だって上手に使えば、自分を奮い立たせる応援に変えることができます。

その上で、他人に嫉妬したとしても、自分を否定するのだけはやめましょう。

「あの人はあんな生活をしているのに、私は……」

SNS上の誰かさんの生活は事実かもしれませんが、「私は……」以降はあなたの勝手な妄想です。その映える瞬間の裏には、掃いて捨てるほどの映えない日常があります。

勝手な自己否定は悪循環になるだけ。あなたに映える一瞬が訪れたとしても、自己否定をベースに持っていると、その一瞬に誰かと比較した優越感が訪れるだけで、すぐにまた劣等感にさいなまれます。あまりにも不毛な競争だと思いませんか。

では、どうやったら自分を否定してしまう気持ちから逃れることができるのでしょうか。

この章では、コンプレックスなど自己否定の気持ちとの折り合いのつけ方をお話ししていきます。

相手の印象よりも自分の印象を変える

私たちを束縛する〝タグ〟

私たちは、知らず知らずのうちにたくさんのタグをぶら下げて生きています。
＃女性 ＃娘 ＃会社員 ＃パート ＃主婦 ＃妻 ＃母親 ＃独身
私たちの日常は、タグの付け替えに似ています。
今日の私は「＃会社員」。今日の私は「＃母親」。それぞれのタグにふさわしい振る舞いや服装、髪型、ものの言い方を選び取りながら生きています。

タグ付けは便利ですが、ときにあなたを束縛します。

「お母さんなのに、こんな格好をしたらダメかな？」

「もうアラフォーなんだから、こんなことを言ってはいけないかも」

慌ててタグを検索し、他人の状況を確認。そのラインから付かず離れず、でも、奇抜にならない程度の個性を探っているという人も多いのではないでしょうか。

かくいう私も、ビジネス系の雑誌やサイトの記事を書いていたライター時代は、周囲の目を気にしてばかりいました。

インタビューのときは必ずダークカラーのジャケットを着用。華やかな色の服やメイクは御法度。今でこそ白髪をそのまま生かしたグレイヘアの私ですが、当時は頭皮がボロボロになりながらも白髪染めを欠かすことはありませんでした。皮膚科のお医者さんに「染めないほうがいい」と言われても、染めずにいるという選択肢などあるわけがないと思い込んでいました。

だって当時は、「#40代 #女性 #ビジネス誌ライター #社長インタビュー」などというタグにおいて、白髪頭はありえなかったのです。

でも、自分の体も心も臨界点に達したとき、私は本気で考えました。

「他人の印象を優先して、自分の健康を害する意味なんてあるんだろうか?」

思えば、私の最大のコンプレックスは、この白髪でした。若白髪体質で11歳の頃から白い髪がポツポツと生えてきていた私にとって、いじめの格好のネタになる白髪は絶対に隠さなければならない存在でした。

私の白髪は病気が原因のものではありませんし、現時点において、白髪を治療して「無くす」術はありません。まだ若かった私にとって、白髪を「生かす」選択などありえず、「隠す」しかないと思っていました。でも、心のどこかで「隠し続ける」ことに違和感を抱いていたのです。

優先すべきは他人の目でなく自分の判断

その後の細かな経緯は省きますが、私は45歳のときに白髪染めをやめようと決意し、46歳で、染めていた部分を全て切り落としてグレイヘアに変身しました。

私自身、途中にはさまざまな葛藤がありましたし、非難の言葉をぶつけられたこともあります。老けて見えるということについて、なぜ人間は老けるということをこんなにも忌み嫌うのだろうと深く考え込んだこともあります。

それでも、白髪染めをやめてみて気づいたのは、髪が白くても自分は何ひとつ変わらないという、シンプルな事実だったのです。

もちろん、私の髪色を良くないと感じる人は離れていきます。その一方で、この髪を良いと思ってくださる人の輪は広がっていき、ライター業だけではない仕事の依頼も舞い込んでくるようになりました。

そして何より、私は初めて、「自分が好き」と思えるようになってきたのです。ナチュラルな髪の色は想像以上に自分に似合っていて、新しい「#グレイヘア」というタグは、私のお気に入りになりました。

白髪染めをやめるというのは、少し極端に感じる行為かもしれませんが、あなたにも、相手の印象を最優先するあまり自分を縛り付け、苦しめられている常識があるのではないでしょうか。

タグは、自分を苦しめるためにあるのではありません。

優先すべきは、他人の目ではなく、あなた自身の心と体の声です。

自分につけるのは、自分が誇れるタグだけにしてみませんか。

コンプレックスの3×3

コンプレックスについて考えてみる

人によって、コンプレックスに感じることはさまざまです。私はコンプレックスの種類と対処法について、それぞれ3つの軸があると考えています。

コンプレックスの種類については、白髪や体型などの「外見に関すること」、内気だ、怒りっぽいといった「内面的なこと」、子どもがいない、学歴がないといった「社会的に感じること」の3つに分けられます。

それぞれ、周囲からすれば大したことではないかもしれません。しかし、本人的には大問題。それがあるから人生がうまくいかないと思い悩んでしまうぐらいの重荷に感じるかもしれません。

冷静に考えてみれば、「他人が持っているもの」と「自分が持っていないもの」を比べているだけで、そのほかのことに関しては自分のほうが優れていることもあるはずです。とはいえ、そのコンプレックスがあと一歩の勇気を阻害し、できないことの言い訳になることさえあります。

こうしたコンプレックスの対処法に関しては、「無くす」「隠す」「生かす」の3つがあります。わかりやすいように、脚が太いことがコンプレックスだと感じている女性を例に考えてみましょう。

この場合のコンプレックスを「無くす」とは、ダイエットをしたり、歩き方を修正して筋肉のつき方を変えたりするなどして理想の細さにすることです。膨大なお金や時間をかけてでも、コンプレックスを「無くしたい」という人は多いでしょう。内面的なこと、社会的なことに関しても、「無くす」という選択肢はあります。

一方の「隠す」は、文字通り、まるでそのコンプレックスなど無いかのように「隠す」ことです。脚が太いのが気になるなら、ワイドパンツやロングスカートの装いを楽しみながら「隠す」という手があります。

最後の「生かす」は、コンプレックスをあえてさらけ出してしまう方法です。最近はプラスサイズモデルの方々の活躍を目にしますが、太めの脚をショートパンツやミニスカートで見せると、とても健康的でキュートですよね。同じように、繊細すぎる性格であることや、高学歴ではないことをあえて看板にしてビジネスをされている方も多く見受けられます。

今日のあなたはどうしたい？

このように、コンプレックスの種類と対処法はそれぞれ3つずつあり、コンプレックスには3×3のアプローチがあります。私は、誰がどんなコンプレックスを持っていても不思議ではないし、どんな対処法を取っても恥ずかしくはないと思っています。

なんとなく、コンプレックスは無くすために辛い努力をしなければいけないというイメージがありますが、そんなことはありません。脚の太さが気になる人は激しい運動をしなければいけないなんて、誰が決めたのでしょうか。エステで他力に頼っても、美容外科で脂肪吸引してもらっても、何ら後ろめたいことはありません。自分の気持ちさえ前を向ければ、どんな対処法を取っても良いはずです。

また、脚を出して「生かす」を選択する日もあれば、ロングスカートで脚を「隠す」日があってもいい。人の気持ちは日々変わるのですから、コンプレックスの対処法だって、日々変わってもいいのです。

もしかしたら、一度「無くした」つもりのコンプレックスが、再び形を変えて顔を出すこともあるかもしれません。コンプレックスを「無くす」「隠す」「生かす」というループは、ひとりの人に何度も起こりうる自然なものです。その時々に、上手に付き合っていけばいいと私は考えています。

現在は白髪というコンプレックスを「生かしている」私ですが、ときには帽子やターバンで「隠して」街に出ることもあります。

一番大切なのは、そのときの自分にとって一番快適で、楽しめる方法を選択すること。そして、気持ちも姿勢もシャキッと前向きに、堂々とさせること。

誰のためでもなく自分のために、今日はどんな自分でいたいかと考えてみてください。

人は変えられるものではなく変わるもの

「太っている人」「やせている人」に対立はない

最近、プラスサイズモデルの活躍が目覚ましいことを実感している方も多いと思います。ある海外の通販サイトを見ていると、プラスサイズ向けの水着やランジェリーのページがありました。私の好きなブランドも、同じパンツを細い人が着たイメージ写真とともに、少しふくよかな人が着た場合のイメージ写真も掲載しています。従来のファッションモデルのようなスタイルではない一般的な人にとって、プラスサイズモデルの着用写真はとても参考になります。

こうしたプラスサイズモデルに加えて、私のようなグレイヘアの人間のニーズも高まっています。ダイバーシティ（多様性）やフェアネス（公平）の考え方が浸透し、企業広告においても、グレイヘアモデルの起用が増えていることを実感しています。

ところが、プラスサイズモデルやグレイヘアモデルがメディアに顔を出すと、必ずといっていいほど書かれるコメントがあります。

「やせている人や髪を染めている人に対してケンカを売っている」

「ダイエットや白髪染めという地道な努力をしている人をバカにしているのか」

「自然体でいるほうが偉いと言われているようで気分が悪い」


ひとつの例に光が当たると、その逆側の人がアンチ扱いされたように感じて対立してしまうのでしょう。自分のコンプレックスをなんとかしようと一生懸命努力を重ねている人であればあるほど、その努力をやすやすと手放してしまったように見える人たちに対してモヤモヤとした思いを抱いてしまうのかもしれません。

でも私は、そもそもこの二極に対立など存在しないと考えています。コンプレックスを「無くす」「隠す」「生かす」というループは、ひとりの人に起こりうる自然なものなのですから。

大きな体型にコンプレックスがある人が、その体型を「生かす」ファッションを楽しんだっていい。ときには、その体型を「隠す」ファッションに身を包んでもいい。そんな感じで自分の体型を楽しんできたけれど、やはり思い切ってダイエットをして、そのコンプレックス自体を「無くす」努力を始めてもいい。

一度決めた道を外れてはいけないという決まりは、どこにもないのです。

意見が対立したときは、ただ黙って素敵でいよう

実際に私の知り合いにも、グレイヘアを十分に味わい尽くしたのち、再びヘアカラーをしてニュアンスのある色を楽しんでいる人もいらっしゃいます。

誰がなんと言おうと、そのときの自分の気持ちが前向きになる選択をすればいいだけで、たまたまその選択をしていない他人にとやかく言われる筋合いはありません。

それに、批判をしてきたその人も、数年後には自分と同じ選択肢を選んでいる可能性もあります。批判の意見を持ったということは、多かれ少なかれその選択に興味が湧いたということ。その人の状況が変わったとき、頭の片隅に残っていたその選択肢

を思い出し、やってみようかなと考えるかもしれません。

ですから、2つの意見が対立したとき、相手を無理やり論破して変えてやろうとするのは不毛だと私は考えています。

人間は、自分から変わろうと意図したときにしか変われません。意見が対立したときにするべきは、対立を煽るような空気には乗らず、ただ黙って微笑みながら、自分自身の選択を楽しむこと。

あなたが前を向いて堂々としていれば、いつしか対立は収まります。

もちろん、先に始めたほうが偉いわけでもありませんし、あとから追随したほうが賢いというわけでもありません。

そのとき、そのときの自分にとって心地よい選択をすれば良い。

ただそれだけだと私は考えています。

心無い声はあって当然

褒め言葉には裏がある⁉

人間は、普通に生きているだけで批判を受けることもあります。

美人であれば、鼻につく。美人でなければ、華がない。

派手であれば、勘違いしている。地味にしていれば、いい子ぶっている。

どんな人であっても、100％の同意と賞賛を受けることはありません。仕事ができて気が利いて、とても感じの良い人であっても、その優秀さが批判の対象になることもあるのです。


また、とても残酷なことを言いますが、対面で褒めてくれた人でさえも、裏では何を言っているかわかりません。

以前、フリーアナウンサーの近藤サトさんがご自身のグレイヘアについて語った記事がウェブに掲載されていました。その記事に対するコメントを何気なく読んでいたときに、こんなコメントを発見してしまったのです。

「私の知り合いにも47歳で頭が真っ白な人がいるけれど、年寄りに見えてみすぼらしい。こちらも大人なので『素敵ですね』と当たり障りのないことを言うけれど、それを真に受けて調子に乗っているのが腹立たしい」

当時、私は47歳でした。47歳で頭が真っ白な人って、そんなにいません。

顔を出してメディアに取材をされる機会が多かった当時の私は、直接のバッシングには慣れているつもりでいました。けれど、近藤サトさんの記事のコメントに自分のことが書かれているとは想像もしていなかったこともあり、このコメントには不意を突かれました。

私のことを「素敵だね」と言ってくれた人の中に、こんなコメントをわざわざ書く人がいるなんて……。

「誰が書いたのだろう？　あの人？　いや、この人かも……」

褒め言葉さえも素直に受け取ってはいけないのかと思い悩んだ私は、外に出ていくのが嫌になり、しばらくはＳＮＳで発信することもやめてしまいました。

批判は避けられないなら自分第一で

ですが、ものすごく落ち込みながらも、私は大切なことに気づいたのです。

私はひとつのコメントが辛すぎて、発信をやめようとさえ思った。でも、「また髪を染めたい」「染めたほうがいいかも」とは、これっぽっちも思わなかったのです。

私は18歳でコンプレックスである白髪を染め始めてから45歳でやめるまでの27年間、ひたすら自分の一部である白髪を隠すことばかり考えてきました。髪の生え際ばかりが気になり、鏡を見るのが恐怖だった時期もありました。

でも、全部が自分オリジナルの髪の色になったとき、初めて鏡の中の自分を「悪くない」と思うことができたのです。つまり、私にとって一番心地よい選択は染めないことであり、人がなんと言おうとも、また染めたいとは思えませんでした。

悪くない。案外イケてる。この状態の自分が一番心地よい。

そう自分で思えることは、とても大切です。小さな自信のタネとなり、自分を大切に扱ってあげようと思えるようになります。

他人に認めてもらった、褒められたというのも素直に嬉しいことですが、これは本当の意味での「自信」ではありません。他人の言葉は自信を育むきっかけにはなりますが、他人からの賞賛を追求し続けていても、やがて必ず疲弊します。それに加えて、褒め言葉に裏がある場合もある、なんてことまで考えていたら、息苦しくなってしまいます。


この小さな事件を経て、私は、褒め言葉は素直に嬉しく受け止めるけれども、それにこだわってはいけないと考えるようになりました。

どんなに素敵な人に対してでも、心無い言葉を投げかける人はいます。残念ながら、周囲の人全員に好かれることは不可能です。


他人の言葉に左右されず、自分が心地よい状態を保っていきましょう。

一番大切なのは、自分で自分が好きになれる状態を作っていくことです。

何をやっても一定の批判があるのなら、自分第一で生きていけばいいのです。

コンプレックスと仲良くなるとできること

コンプレックスが思いがけないキャリアに

華々しく活躍をしている人でも、若い頃はコンプレックスだらけだったという話をよく耳にします。

体が小さくて弱かったけれど、健康のためにと始めたスポーツで花開いた人。

背が高くていじめられたけれど、それを生かしてモデルになった人。

一見ネガティブなコンプレックスですが、それがひとつのきっかけになり、思いがけないキャリアが拓けることもあります。

若い頃の私のコンプレックスは、「若白髪」と、「運動オンチ」でした。

運動に関しては、どんなに一生懸命走っても、必ずクラスでビリでした。逆上がりもできないし、ドッジボールは最初に当てられる。すぐに転んで、泳げばカナヅチといった子ども時代を送っていたのです。

だから、体育の授業は恐怖でしかなかったし、運動会は地獄でした。

何かの競技でグループ分けされるのも憂鬱でした。クラスメイトは私が一緒になることをあからさまに嫌がり、それがとても辛くて悲しかったことを、今でもはっきりと覚えています。

「好きを仕事に」とは180度違う視点

しかし今、大人になって、この運動オンチが役立っていることを感じています。ウォーキングインストラクターとして生徒さんの動きを見るとき、立つ、歩くといった基本的な体の使い方が苦手な人を見つけるのが得意なのです。

体の使い方がもともと上手な人からすると、ただ立つだけでも辛い、変なところに力が入ってしまって抜き方がわからない、などという人がいるなんて、信じられないと思います。でも実は、そういうことに悩んでいる人は少なくありません。

若い頃の私もそうでした。「力を抜いてリラックスして立つ」というのがとてつもなく難しく、逆に「上半身をスッと伸ばしたまま座り続ける」ということがどうしてもできませんでした。簡単に言ってしまうと、幼い頃に何らかの理由でインナーマッスルが十分に鍛えられず、姿勢を保持するというのがどういうことか、よくわからなかったのだと思います。

年齢も若くなく、経験も浅い私のウォーキングインストラクターとしての強みは、「体を使うのが得意」な点ではなく、「姿勢も歩きもどこか変で、運動が全くできずに悔しい思いをした過去があるからこそ、そういう人に寄り添うことができる」点にあると自負しています。長い間抱え続けてきたコンプレックスが、今になって武器に変わったのです。

振り返ってみると、私はずっと、「コンプレックスを活動のヒントに」してきました。自分の生きる道を見つける方法として「好きを仕事に」という言葉がありますが、それとは180度違う視点です。

グレイヘアしかり、運動オンチしかり。コンプレックスを「無くそう」「隠そう」

「生かそう」とあれこれ試み、工夫し、最終的にコンプレックスと仲良くなっていったその過程が皆さんのお役に立てるのなら、それをお伝えしていくことが私の使命なのだろうと考えています。

自分の嫌いなところや欠点だって、あなたの人生の敵とは限りません。

iPS細胞の作製技術を確立した山中伸弥教授は、研修医時代、あまりにも不器用で、周囲からは「ジャマナカ」と呼ばれていたそうです。山中先生が器用だったら、素晴らしい医師になっていたかもしれませんが、iPS細胞の開発はなかったかもしれません。

コンプレックスは、自分一人で抱え込めばただの弱みにすぎませんが、誰かのために使えば強みにもなるのです。

歩幅は人に合わせなくていい

「歩幅は広く」はマストではない

「歩幅は広いほうがいいって本当ですか？」

私がウォーキングインストラクターだと知ると、こんな質問を投げかけてくださる方がいます。

たしかに、ウォーキングについて書かれたものを調べると、「歩幅を広く取ろう」と書かれていることが多いです。かくいう私も、先生たちに「歩幅は広く」と習いました。

歩幅を広くするためには、脚を持ち上げるときに使う筋肉をしっかりと働かせる必要があります。また、歩幅を広く取って歩けるようになると、見た目も颯爽と、かっこよく見えます。

ということで、歩きに必要な筋肉を鍛えるためにも、見た目を良くするためにも、「歩幅を広く」と指導されるのです。

ですが私自身は、「歩幅は広くなくてもいい」と考えていますし、そう教えています。歩幅を広くすることばかりに気を取られると、膝が曲がったまま着地しやすくなります。多少膝が緩むのは地面の衝撃を吸収するために必要なことですし、自然な姿です。

ですが、あまりにも大きく曲げて着地すると、地面の衝撃を膝や腰で直接受けてしまうことになります。また、大股で歩くために腰を大きくひねる形になるのもよくありません。本来使うべき股関節やお尻が上手に使えなくなり、太ももの前側ばかりがモリモリ太くなってしまう歩き方になります。

歩幅を広くしたいのなら、ある程度ウォーキングに慣れてお尻の筋肉を使った歩きができるようになってから。

正しい歩き方ができるようになると、自然と歩幅も広くなっていくはずです。

自分の歩幅を知ることは「自分軸」を保つこと

歩幅や歩くペースは、その人特有の個性です。体の大きさや体力、その人のキャラクターによって、ふさわしい歩幅やペースがあります。

ですが、ビジネス街に出ると大股で早歩きになり、郊外をお散歩するときはゆっくりになるように、私たちは知らず知らずのうちに歩幅やペースを周囲に合わせています。

混み合っていたり、人の流れができていたりする道路においては、どうしても周囲に合わせなければならないこともあるでしょう。

ですが、私は思うのです。

自分にとって心地よい歩幅と、自分にとって心地よいペースを知っておくことはとても大切だと。

周囲がなんと言おうと、私はこの歩幅で、このペースで歩くのが心地いいんだ！

そんなことを知るのが、「自分軸」を知る第一歩になるのではないでしょうか。

かなり概念的な話になりますが、自分の人生を自分らしく歩んでいくには「自分軸」を保つことが大切だと言われています。

自分軸を保つとは、周囲の意見に影響されることなく、自分がどうしたいかを基準に自分で考えて行動すること。一方「他人軸」で動くとは、自分を押さえ他人の意見を優先することを指します。

私は、自分軸を保つことと自分の歩幅やペースで歩くことは、とても近い話だと感じています。

あなたが思わず笑顔になってしまう、気持ちの良い歩幅とペースはどのくらいですか？

ぜひその歩幅とペースをキープして楽しく散歩をしながら、自分の心地よさや自分がどうありたいかなどを考えてみてください。

自分の心地よさを言葉にしてみる

「人より速く歩いて勝たねば」という価値観

あなたは、誰かが目の前を自分と同じくらいの速度で歩いていたとしたら、抜かしたくなるタイプですか？　距離を置こうとするタイプですか？

私は、前に人がいたら絶対に抜かしてやろうと闘志を燃やしがちな人でした。前を歩く人が男性だったら、さらに気合が入るタイプです。典型的な負けず嫌いですよね。

一方で、一人でマイペースを守りたいタイプもいます。勝ち負けは二の次だという人もいます。良し悪しは関係ありません。人間にはいろいろなタイプがあり、なんなら同じ人であっても、その時々に応じて他人と競って歩きたいときもあれば、ゆっくり歩きたいときもあるはずです。

ですが、他人と自分を比べがちな人の中には、こうした融通が利きづらくなっている人もいます。

「いつでもトップにいなければならない」「勝たなければならない」と思い込んでしまう。そこまで極端でなくとも、「人より劣っていないだろうか」「人並みでいなくては」などということが気がかりでならない。

ここでは詳しく語りませんが、集団における調和を重んじる環境にありながら運動や勉強の競争にさらされてきた日本人は、横並びの中のわずかな順位の差に敏感になりがちです。ビジネス街では歩き方が速くなるというのは、物理的に急いでいる人が多いという理由のほかに、「人より速く歩いて勝たねば」という、幼い頃から長い時間をかけてインプットし続けてきた価値観を発動させている人がたくさんいるという理由もあるかもしれません。

あなたにとって勝利にこだわるのが心地よければ、全く問題ありません。その考えを無理に変える必要はありませんし、それこそがあなたの個性、あなたの良さです。

でも、本当は辛い。そこまで人と競いたくない。

頑張りきれなかったときや力尽きてしまったとき、人より劣っていると感じてしまう自分が惨めで情けなくて、自分が大嫌いになってしまう。

そんな本音があるのなら、長年付き合ってきた価値観を一度捨てて、自分の心地よさを第一に考えた「自分軸」を探ってほしいなと思うのです。

どうなったら嬉しいだろう？

前の項でお伝えした通り、「自分軸」を保つとは、周囲の意見に影響されることなく、自分がどうしたいかを基準に自分で考えて行動することを言います。一方「他人軸」で動くとは、自分を押さえ他人の意見を優先することを言います。

冒頭の例の場合、「前の人を抜きたい」というのが自分の意志であれば自分軸によるものです。一方で、本音は面倒なのに勝手に勝負をかけて「あの人に勝たねば」というのは他人軸、あるいは、本音はゆっくり歩きたいのに「真後ろをついていくのもご迷惑かもしれないので、前に出なければ」などという気持ちで無理に急ぐのも他人軸によるものとなります。

あなたのその行動は、自分軸によるものですか？　他人軸によるものですか？
あなたは、本当はどうしたいのですか？
あなたは、自分がどうなったら嬉しいですか？

「どうしたい？」という質問だと答えに詰まってしまう人でも、「どうなったら嬉しい？」と質問すると答えが出てくる場合があります。

「週末ぐらいゆっくりできたら嬉しいな」→「週末の家事から解放されたい」→「家事代行サービスを頼んでみよう！」
「あの部署の仕事ができたら嬉しいな」→「仕事のジャンルを変えてみたい」→「転職活動をしてみよう！」

自分がどうしたいのかさえ見失うほど周囲に合わせて生きてきたという人は、自分がどうなったら嬉しいか、どうなったら楽しいか、どうなったらリラックスできるかなど、あらゆる方向から自分の本音を探り出してみましょう。

言動の理由は相手ではなく自分に置く

自分の本心と違う行為は災いのもと

自分軸で動くと聞くと、「人の気持ちを汲んで行動するのは良くないことなの？」などと思われた方も多いと思います。

いいえ、人の気持ちを汲んで行動するというのは、とても美しいことです。日本人らしい、思いやりに満ちた行為です。

ですので、そうして差し上げたいと思ったら、素直に行動に移しましょう。

ただし問題は、本音が「やりたくない」場合です。自分の本心と裏腹な行為をすると、ついつい相手に過剰な見返りを求めてしまいがちです。それが物事をややこしくしてしまう元凶だと、私は考えています。

たとえば、リビングがとても散らかっていて気になる。そもそも散らかしたのは、自分ではなく夫だ。片付けてほしいと伝えているのに、いつまで経ってもやってくれない。最終的に自分が手を動かして片付けた……。

この場合、ついつい心の底にこんな思いを溜めてしまいがちです。

「片付けてあげたのだから、労いの言葉ぐらいあって当然よね？」

それなのにありがとうの一言もなく、さらには、

「あれはどこにやった？　勝手に動かすな！」

なんて怒られたらたまりません。「アンタがさっさと片付けないのが悪いんでしょ」と、売り言葉に買い言葉となり、大喧嘩になるかもしれません。

つまり、行動を「自分がしたいかどうか」の自分軸で判断するのではなく、「するべきかどうか」の他人軸で判断していると、他人が期待通りの反応をしてくれなかった場合に怒りや悲しみといったネガティブな感情が起こりやすいのです。

部屋を綺麗にしたのは、相手に感謝してもらいたいからではなく、自分が気になったから。

そう思えば、たとえその行為に利益がなくても、スッキリと整った部屋を見るだけで満足できます。片付けたという行為に対する感情は、そこで終了です。

また、その行為の結果、相手がイライラし始めたとしても、それはあなたのせいではありません。イライラしたその人が抱えている問題であり、その人の言動であなたまで気持ちを濁らせることはありません。

あなたがやりたいことのみをやる

これまで、さまざまな切り口から「他人が自分をどう見るか」は常に流動的であり、コントロールできるものではないとお伝えしてきました。

どんなにいいことをしても、その行為を曲解して悪く捉える人もいます。

他人の考え方や価値観は、どんなに言葉を尽くしても、本人が変わろうと思わない限り絶対に変わりません。

それならば、行動の理由を相手に置かず、全て自分に置きましょう。あなたがやりたいこと、やったほうが良いと考えたことのみをやりましょう。

これは、好き勝手に生きましょうというのとは、少し違う話です。

言い換えれば、「自分はどう考えるか」「自分はどう行動するか」ということに覚悟を決めるということです。ある意味、厳しい話かもしれません。

ですが、自分の言動に覚悟を持つことができれば、他人の感情の揺れに必要以上に左右されることもなくなります。

他人のイライラに動揺しそうになったら、「それは私の問題ではない」と呟き、背筋を伸ばして姿勢を正してみましょう。

あなたは、自分の言動に腹をくくるだけでいいのです。

体が歪むのは心理的な理由もある

体が歪むいくつかの原因

ボーッと歩いていると、右や左、どちらかに寄っていってしまう。

スカートを穿いていると、いつの間にか中心線が右や左にズレていく。

いつも右側だけ、左側だけ肩や腰が凝る……。

レッスンをしていると、そんな声をよく聞きます。長年生きてきた中で染み付いてしまった体の動かし方のクセや、利き手に頼りがちな生活の積み重ねが、知らず知らずのうちに体を歪ませてしまっているということです。


あなたも、バッグを片側の肩にばかりかけるクセがあると体が歪むと聞いたことがあるかと思います。それと同じように、家でテレビを見るときの定位置が決まっていて、いつも同じ方向に体をひねるクセがある、などというのも、あまり良くない習慣です。

バッグを左右かけ替えることを意識するのと同じように、日常生活を送る定位置をたまに変化させてみるだけでも、体の刺激になり、歪みを修正できる可能性がありますので、ぜひ試してみてください。


そしてもうひとつ、体の歪みは心理的なことも大きく影響するということをご存知でしょうか。

たとえば、会社で苦手な人の席が自分の左側にあるというだけで、左側が歪むこともあります。いつもイライラしている先輩が左側にいる、いつも左側から怒られるなどということが重なって、左側にだけこわばりを感じるという人もいました。

逆に、無意識に左側を避けるあまり右重心の姿勢が日常になってしまい、右の腰がひどく凝る、なんていう可能性もあります。

人だけではありません。デスクの左側に未処理の書類が山積み……なんていう場合でも、左側に大きなストレスを抱えてしまうことがあります。

環境が変わってしばらくしたら、どうも体の片側ばかりがこわばる、凝る……などという自覚症状を感じたときは、フィジカル面だけではなく、メンタル面の理由も探ってみましょう。

「我慢」しないで「放置」するという方法

未処理の仕事が体の歪みに至るストレスの原因なら、それを片付ける仕組みを作ることでストレスが消え、歪みも整っていきます。でも、人が原因の場合、苦手な人がいるからといって、すぐに席替えしてもらうことなんてできない、という人がほとんどですよね。

そんなときにこそ役立つのが、「言動の理由は相手ではなく自分に置く」という考え方です。

隣の嫌な人に何かを言われたからやる、嫌な人の気持ちを慮《おもんぱか》って先回りしてやる、ではなく、自分でやるかやらないかを判断する。

「そろそろお茶を淹れてあげないとお隣さんの機嫌が悪くなりそうだから」ではなく、「私がお茶を飲みたいからついでに淹れてあげよう」と考えるだけでも気分が変わります。

それでも、相手の気分に振り回されているなと感じたら。

自分の心と体を守るためにも、その状況を我慢するのではなく、放っておくように切り替えてみてください。席を立つことができるのであれば、しばらく席を立って別の場所に移動しましょう。

場所を移動することができなくても、気持ちの持ち方を変えるだけでもかなり状況は変わります。「我慢」は相手と同じ土俵に立っていますが、「放置」は自分だけ土俵の外に出る感覚です。

たとえ同じ場所にいたとしても、姿勢をスッと正し、自分の仕事に没頭してみてください。そして、相手を一人放っておくイメージを持つのです。

嫌な人との関わりを最小限にするためにも、姿勢と気持ちだけは自分のベストな状況を守り抜きましょう。

「同じ」だけに注目すると生きづらくなる

コミュニティは永続するものではない

人間、生きていれば必ずさまざまなコミュニティに関わっていきます。子どもの頃は学校がコミュニティの全てだったかもしれません。その後、成長とともにクラブ活動や習いごとのコミュニティなどが広がっていきます。進学すればその先のコミュニティが形作られ、人間関係の輪が広がっていきます。

大人になってからも、ママ友との交流や会社の同僚との関係、町内会などの地域の輪など、さまざまなコミュニティが発生します。そんな人間関係の中で、生涯の親友に発展する仲間もいれば、特定の時期にのみ濃密に関わったものの、少しずつ疎遠になっていく関係もあります。

人生におけるコミュニティは、永続するものではありません。たとえ家族であっても、メンバーの構成が変わったり、関係性が変わったりすることがあります。よく、兄弟姉妹の仲が突然悪くなったり、逆に誰かの危機に際して結束が強まったりなどといったエピソードを聞きますが、常に一定の温度感を保っているコミュニティなどないと、私は捉えています。

そんな中でよく話題になるのは、「同質化」と「突き抜け」問題です。コミュニティのメンバーと馴染み、同じでなければならないというプレッシャーが辛いという人もいれば、そのコミュニティを突き抜けてしまったときの気まずさ、辛さに心を砕かれる人もいます。何をもって「突き抜けた」というのかは人それぞれだと思いますが、いずれにせよ人間関係ですから、いつまでも同じ状態であり続けられると考えるほうが、無理があるのではないでしょうか。

「違い」を楽しむと世界が広がる

私が経験した同質化と突き抜け問題は、グレイヘアに関係するものです。

とあるコミュニティにいた同年代の女性は、私と同じくらい白髪が多いという人でした。まだ白髪を染めていた私と彼女は、お互いに月に一度では済まない白髪染めの手間について、「面倒だよね」などと愚痴を言い合っていた仲でした。

ある日、私の白くなった生え際を見た彼女は、「みっともないから早く染めな」と真剣な顔で忠告してくれました。そのとき、染めるのをやめて白髪を受け入れようと思っていることを説明したのですが、彼女にはピンと来なかったようです。

その後、グレイヘアが完成してから何度も顔を合わせていますが、お互いに髪については何ひとつ話題にすることはありません。それどころか、髪以外の深い話題を語り合うことさえもなくなってしまいました。

風の噂で、彼女は私の見た目について、かなりひどい言葉でこき下ろしていたと聞きました。

その気持ちもわかる気がします。同じ仲間と思っていた私なのに、面倒な白髪染めをやめて楽をしているように見えたのが癪にさわったのかもしれません。あるいは単純に、同じ女として私の老いた見た目が許せないと思っただけという可能性もあります。

人間は何をしようと、どんな選択肢を選ぼうと、万人に理解され、歓迎されることはありません。趣味や習いごと、同じ地域の仲間といったコミュニティのメンバーは、一人ひとり個性も違えば考え方も異なりますし、そのコミュニティ以外の環境は全くの別物です。

そんなさまざまな側面を持った人たちが集まっているというのも、コミュニティの面白さだと思います。

同じ部分や似たところだけに目を向けるのではなく、それぞれの違いを知り、自分にはなかった価値観や自分では取りえない選択肢を面白がれるような関係性を作ることができると、世界が広がるのではないかと私は考えています。

魅せる歩き方より、私らしい歩き方

キャラに合う歩きグセはアリ

美しい姿勢や歩き方には正解がない……と言ったら、皆さん、びっくりされるでしょうか。

実は、正しい姿勢の基本、正しい歩き方の基本というものはありますが、それが万人に対する正解ではないというのが、体を整える面白さです。

たとえばコラム（131ページ参照）に書いた「壁立ち」ですが、先天的な骨格により、どうしても両膝がつかず、左右の脚の間に隙間が空いてしまう人もいます。肋骨の位置が前に飛び出てしまいがちな人もいます。

ある程度は修正できますが、それ以上は無理というところで悩み続けている人も見受けられます。そういった人たちは、教科書通りの正解を求めるのではなく、自分らしい美しさを作っていくという発想の転換も必要です。

少し話題はそれますが、私がウォーキング講師の勉強をしていた当時、一緒にレッスンを受けていた方にロリータファッションがお似合いのキュートな女性がいました。彼女は「ぴょんぴょん」という擬音が聞こえてきそうな、頭がピョコピョコ揺れるかわいらしい歩き方をしていました。

頭が揺れる歩き方は、美しい歩き方のセオリーからは遠く離れています。

本来なら、修正すべき歩きグセだと言えるでしょう。

でも、ロリータちゃんの演出としては「アリ」な歩き方だと思います。あくまでも私の持論ですが、ご本人のキャラに合う歩きグセは、体を悪くするようなクセでない限り、無理に修正しなくてもいいのではないかと思っています。

しかし、そのロリータちゃんが「ミセスコンテストに出場して賞を取りたいんです」などと言い始めた場合は、話は別です。ロリータファッションはもちろん、ピョコピョコ歩きも封印して、エレガントかつセクシーな、ミセスコンテストで求められる歩きをスパルタ指導しなければなりません。

このように、どうありたいか、どう魅せたいかによって歩き方は全く異なりますし、逆に言えば、歩き方からありたい姿に近づいて変身していくこともできます。

ウォーキングは、どんな自分も演出できるところも魅力のひとつなのです。

あなたの人生に審査員はいない

ところで、最近あるデザイナーから興味深い話を聞きました。インターネットの技術革新や普及により、世界中の美の基準が似てきているというのです。人物における美の基準だけではありません。好まれるインテリア、色の組み合わせ、車のデザイン、流行する服の傾向などが、世界中で似てきているそうです。

インターネットは世界の個性的な人やものを探し出すことができるツールだと思っていましたが、実は逆だということの話。たしかに、世界中どこにいても同じ情報を見ることができて、同じ服や雑貨を買うことができるということは、長い目で見ると世界は画一化していくのかもしれません。

同じように、歩き方においても、コンテストに出場するならこの歩き方、ステージモデルになるならこの歩き方と、求められる歩き方には一定の傾向があり、あまりにユニークで個性的なものは避けられているように感じます。


ですが、それはそれ。あなたは、あなた。

あなたの人生は、誰かと優劣を競うコンテストではありません。

審査員の美の基準に合わせる必要はありませんし、そもそもあなたを審査できる人間などいません。


あなたにとっての美しい姿勢とは、どのような姿勢ですか？

あなたが気持ち良くいられる歩き方とは、どのような歩き方ですか？

ぜひ考えてみてください。

column

2

正しい歩き方

歩くという行為は「姿勢7割、手足の振り3割」とも言われています。正しい姿勢の作り方がマスターできたら、次は正しい歩き方を習得して、颯爽と歩けるようになりましょう！

正しい歩き方

1

歩きとは「片足立ちで作った正しい姿勢がもう一方の片足に移動していくことの繰り返し」です。動きを分解して、正しい歩き方を確認しましょう。

前足（この場合は右足）を着地させる瞬間は、後ろ足（この場合は左足）一本で正しい姿勢を作ります（正しい姿勢は43ページのコラム参照）。

POINT

「後ろ足の蹴り出しで体を前に出す」という意識が大切。「膝を曲げて足を前に置きにいく」ではなく、「後ろ足の蹴り出しを推進力にして、なるべく膝を曲げずに足を前に出す」という意識で歩きましょう。
この歩き方は、ヒール靴でも、スニーカーなどのフラットシューズでも同じです。ただし、ヒールは片足立ちになった際の安定性に欠けるので、裸足やフラットシューズで十分に練習をしたのちにヒール靴にチャレンジしてみてください。

腕の振り方

腕の振り方も正しい歩き方の大切なポイント。元気よく前方に振り出すのは、実はNGです。

1

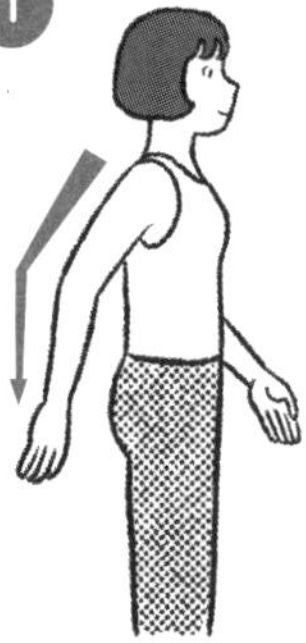

肩甲骨周辺の筋肉を意識しながら、二の腕を真後ろに引きましょう。二の腕の引き締め効果が期待できます。

2

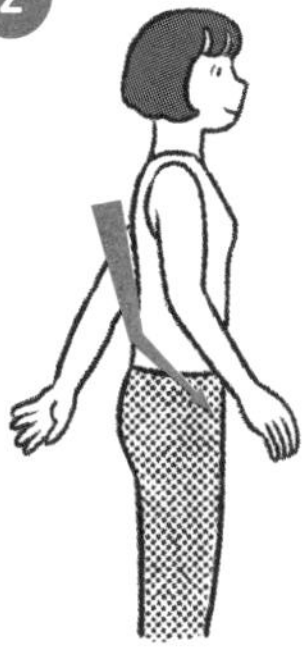

後ろに引いた腕が体の横のラインに戻ってきたら、それ以上は前に出さず、肘から下だけが自然の成り行きで前にでます。このとき、手先がおへそよりも上に上がらないようにすると上品です。

2

前足（右足）が地面に着いた瞬間、後ろ足（左足）を蹴り込むことで前足に体重が移動。良い姿勢の一直線が前足に再現されます。

3

後ろ足だった左足が浮き、前足となって前方に向かいます。着地の瞬間は膝をまっすぐに出すと美しい歩きになります（1枚目のイラスト参照）。

POINT

「腕は真後ろに引く」「肘から下は力を入れない」が基本。腕の振りにつられて上半身の正しい姿勢が崩れないように注意しましょう。

足の出し方

ガニ股、内股はよくありませんが、モデルウォークも実はNGなのです。

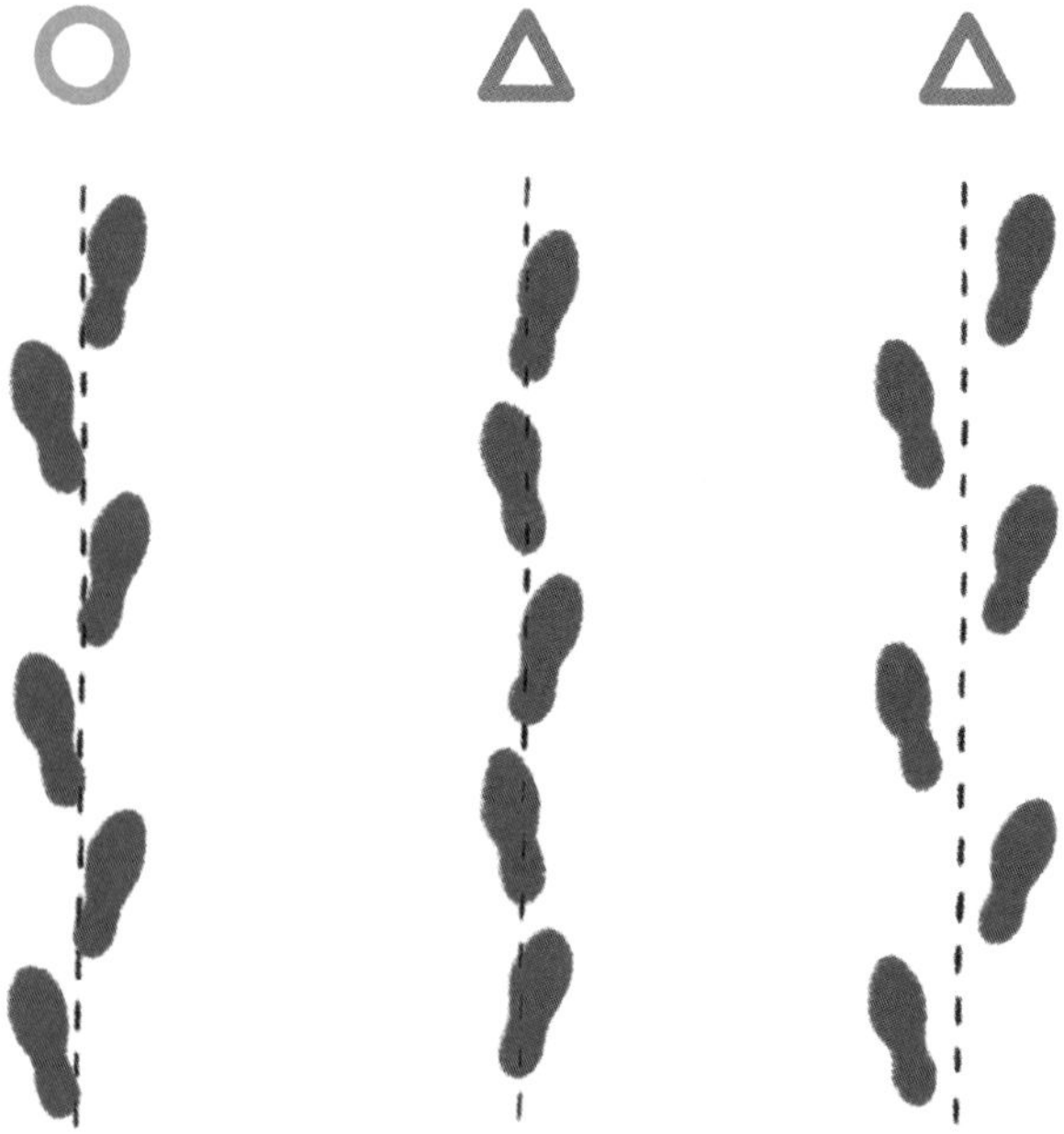

○ 一直線上をカカトで踏んでいくような感覚で歩きましょう。つま先だけがやや外に向くのは自然なこと。決してガニ股ではありません（ガニ股や内股の説明は、4章146ページを参考にしてください）。

△ 一直線上に足を乗せて交互に歩くモデルウォークは、腰を大きくひねらなければならず、骨盤が必要以上に左右にブレる歩き方です。美しく見せるための振り付けであり、日常的な歩き方ではありません。

△ 一直線上を拳ひとつぶんほど開けて歩くのは、男性的な歩き方です。ガニ股でない限り体には悪くない歩き方なのですが、女性らしさを出したいのであればNG。一直線上をカカトで踏んで歩きましょう。

Chapter

3

指先まで
意識すると
生き方も丁寧に

いい女は慌てない

とにかく慌てず、落ち着くことの大切さ

ウォーキングを教えてくださった先生の言葉で、今でも忘れられないものがあります。

「いい女は慌てない」

という一言です。

この言葉をかけてくださったのは、たしかファッションショーを想定し、着ていたコートを脱ぎながらの歩きを学んでいたときだったと思います。

ウォーキングインストラクターの資格を取るためには、正しく美しく歩く技術のほかに、さまざまなことを学ぶ必要があります。ランウェイを歩く際に必要なターンの数々、複数人で歩くときに必要なフォーメーションの基本、洋服やバッグの扱い方や見せ方などなど、覚えて身につけなければならない技術は多岐にわたります。

端正なコートの着姿を見せつつ、ボタンやベルトを外したときの軽やかさ、中に着ている服との調和、さらには、それを脱いで手に持ったときの滑らかさや裏地の美しさも見せなければならない。それも、ターンの動きに合わせてさらりと脱ぎ、視線を手元に落とすことなく、もちろん足を止めることもなく片手にまとめて颯爽と歩かなければならない……。

同時に求められる多くの動きに振り回され、

「次はどっちの足を出すんだっけ？」

「わぁ、コートの裾が床に着いちゃった！」

などと混乱してバタバタしていた私たちに、先生は大きな声で、「いい女は慌てない！」と言い放ったのです。

たくさんの舞台を経験されてきた先生でも、心の中で「しまった、失敗した！」と感じる瞬間があったといいます。でも、その瞬間の動揺が顔の表情や体の動きに出てしまうと、見ているお客さんにも失敗を悟られてしまいます。

何か心を乱すことが起きたとしても、とにかく慌てず、落ち着くこと。本人さえ落ち着いてペースを乱さずに動くことができれば、おのずとその失敗を挽回する方法に気づくことができ、「服を美しく魅せる」という目的は達成されるのだと。

その言葉があったあとの私たちの動きは、全く違ったものになりました。

何が起きても慌てない。目的をしっかりと見据えて、それに向かって行動する。その心持ちがあるだけで、行動も見た目も一変したのです。

思考のベクトルを本来の目的に向け直す

考えてみるに、何かあったときに大慌てしてしまうのは、「恥ずかしい」という思いが先に立ってしまうから。恥ずかしい自分を見せたくない、だから失敗を悟られたくないと思うあまり、より一層慌てふためいてしまいます。

ですが、その気持ちを本来の目的に向けるだけで、心がスッと落ち着きます。

たとえば私の場合、ウォーキングのグループレッスンや講演などの機会に皆さんの前でお話しするときは、今でもものすごく緊張します。あまり言葉が達者なほうではないので、「えっと」とか「うーん」などというつなぎ言葉を連発してしまいがちです。

そんな自分にふと気づき、「わぁ、恥ずかしい」「どうしよう」などという気持ちが頭をよぎったとたん、余計に混乱して焦ってしまいます。

そんなとき、「いい女は慌てない」という言葉を思い出すと同時に、「自分がどう思われるか」ばかり気にしていた思考のベクトルを「皆さんのためになることをお伝えする」という本来の目的に向け直すようになりました。それだけで気持ちが少し落ち着き、メッセージを伝えることだけに集中できるのです。

具体的には、登壇などの前には必ず、「いい女は慌てない」という言葉を頭の中で唱えながら、自分に向いていた矢印を相手側にグイッと向けるイメージを描くようにしています。

いつもバタバタしてしまう、緊張してしまいがちだという人は、ぜひ「いい女は慌てない」の合言葉を唱えてみてください。

「上品な人」になりきる練習

通常の半分ぐらいの速度で動く

「いい女は慌てない」という合言葉は、このほかにも素晴らしいパワーを持っています。

品がある人は振る舞いが優雅で穏やかな印象があります。セカセカ落ち着きのない動きをしている人を「上品」とは言いません。「いい女は慌てない」の言葉の通り、ゆったりと慌てることなく、行動のひとつひとつを丁寧に行うことによる「いい女」効果です。

一度試しに、日常の動きの全てを、通常の半分ぐらいの速度でやってみてください。「忙しいのに、そんなの無理！」と思われた方もいらっしゃるでしょう。でも、やってみると、案外かかる時間に大きな差がないことがわかります。半分の速度を心がけてみたところで、実際にかかる時間が倍になることはないのです。

たとえば、自分の席からお茶を淹れに行くその場所までの移動を、一歩一歩ゆっくりと美しく歩いてみる。

お湯を沸かし、お茶を淹れるその動作を、姿勢を正して丁寧に行ってみる。

心を込めて片付けたあと、またゆっくりと自分の席に戻る。

時間にして数分のその行為ですが、セカセカやってみてもゆっくりやってみても、それほどの差にはなりません。

ですが、気持ちは大きく変わります。

丁寧に歩くと視界が広く保たれ、周囲の音や声がよく聞こえます。窓の外に目をやれば、その季節ならではの光を感じることでしょう。思わず口角が上がり、力んでいたアゴや肩からも力が抜けていきます。

すれ違った後輩がとても素敵な装いをしていることに気づいたら、躊躇せずに褒めてみましょう。一言声をかけることで自分の気持ちも豊かになりますし、笑顔の輪が広がっていくはずです。

一呼吸置くという「間」がポイント

または、動き始めに一呼吸置くというイメージを持つのもおすすめです。ファッションショーやミセスコンテストのランウェイの映像を研究すると、存在感のある人ほど、ステージでターンをするときやカメラ前でポージングをするときに独自の「間《ま》」をとって動いています。

だからといって、ほかの人よりも時間を長くかけているわけではありません。長々とアピールする人は、かえって自己中心的で品のない印象を与えます。品格を感じさせる人は、「一呼吸置く」間が絶妙なのです。

自分らしい、良い間を持つことができるようになるには、普段からの訓練が必要です。

横断歩道を渡るときには、青になった瞬間に周囲を見ずに走り出すのではなく、「よし、行こう！」と一拍置いてからスッと歩き出す。

誰かの話を聞くときもゆったりと耳を傾け、相手の話を聞き終わったら、一呼吸置いてから話し始める。

一拍間を置いたから、動作をゆっくりさせたからといって、残業が発生するほどの時間ロスになることはありません。逆に、ゆっくりの動きを意識することで、心がリラックスするとともに体も程よくほぐされ、集中すべき仕事や家事とのメリハリが生まれて効率が高まるはずです。

「いい女は慌てない」を合言葉に、ゆったりとした行動と一呼吸の間を意識して、品のある人を目指してみましょう。

背負いすぎて肩が固まっていませんか？

心理的な重圧は肩甲骨や肩を硬くする

日本語には、「肩に力が入っている」という表現があります。何らかの責任や重圧を背負うことで心理的な緊張を感じ、肩がガチガチになってしまう様子を表した言葉です。

もしかしたらあなたの肩にも、身の回りのトラブルやキャパオーバーの仕事、家族や同僚からのプレッシャーなどといった心配ごとがいくつものっていて、その重圧に潰されそうになっているかもしれません。

こうした心理的な負荷を背負っている人は、実際に肩から肩甲骨にかけての筋肉が硬く、自在に動かせなくなっていることがあります。

私はレッスン前のストレッチで、必ず肩甲骨をほぐす運動を行っています。そのときに後ろから肩甲骨の動きをチェックしているのですが、スルスルと上手に動かすことができる人もいれば、凝り固まってしまっているのか、なかなか動かすことができない人もいます。

同じように、良い姿勢の基本である「壁立ち」（131ページ参照）をしたとき、肩が力んでしまって怒り肩になり、全く力を抜けない人もいらっしゃいます。これも肩甲骨をうまく下げられないことが理由のひとつなのですが、とても華奢な肩なのにガチガチに固まっていると、痛々しささえ感じてしまいます。

肩をぐるぐる回すだけでも〇K

実は、良い姿勢のかなめは肩甲骨にあるといっても過言ではありません。肩甲骨を柔らかく寄せて胸を開き、肩の力を抜くことができると、大人の余裕を感じさせる美しい立ち姿や座り姿になります。

バレリーナの上半身を思い描いてみてください。彼女たちは胸をしっかりと開いていながら、肩には余計な力が入っていませんよね。肩が滑らかに下がっているからこそ、首がスッと長く伸びて見えるのです。

心理的な重圧があり、肩に力が入ってしまっているときは、どうしても肩を柔らかく下げるのが難しく感じます。

そんなときは、こまめに肩を回し、肩甲骨周りをほぐすエクササイズ（171ページ参照）を行うだけでも、血行が良くなって気分転換にもなります。また、歩くときに腕を前に振るのではなく、真後ろに引くように心がけると、気持ち良く胸を開くことができます。

肩周りをほぐすと、肩こりを楽にしたり、猫背や巻き肩を解消したりといった効果もありますので、ぜひ続けてみてください。

ここでひとつ、一見体に良さそうなリュックの注意点についてもお話しさせてください。

実は、毎日背負っているリュックが猫背や巻き肩を助長している場合もあります。リュックのショルダーハーネス（肩ひも）の間隔が広いデザインのものだと、知らず知らずのうちにリュックが肩からずり落ちないように巻き肩になり、その形が日常の姿勢になってしまっている可能性があるのです。

男女兼用のユニセックスデザインのリュックや海外製のリュックは特に、背中の大きな体型に合わせてショルダーハーネスがつけられている可能性があります。

リュックを背負うときには、猫背や巻き肩にならないように、よりいっそう気をつけてくださいね。

こりをほぐすと指先の所作が美しくなる

肩甲骨の柔らかさが美の土台

タクシーを停めようと手を上げる、頭の上のものを取ろうと手を伸ばすといった際の腕や手の所作。意外と人に見られていると気づいていますか？指先のネイルは美しいのに、肩や首に余計な力が入っていたり、肘から手首までがガチガチに凝り固まっていたりするだけで、動きが硬く、優雅さに欠ける印象を与えかねません。

腕から指先の所作に関しても、大切なのは肩甲骨の動きです。

手を高く上げる際に、ついつい首や肩をすくめてしまうという人はいませんか？それだと伸びが足りずに手が届かないばかりか、首や肩に余計な力が入って首こりや肩こりの原因にもなります。

また、首や肩がすくんでいる姿は、見ていてあまり美しいものではありません。

手を上げる、手を大きく上に伸ばして棚の上のものを取るといった動きにおいては、首や肩に力を入れて腕を上げるのではなく、肩甲骨から腕を大きく動かすことを意識するだけで体の側面が気持ち良く伸びるようになります。


また、パソコンやスマホを操作する際の所作を美しくするために大切なのが、肘から手首までの部分です。パソコンやスマホを使っていると、この肘から下の部分が凝り固まりがちです。

試しに腕の側面を、肘から手首に向かって揉んでみてください。イタ気持ちいい感覚があると思います。

腕の側面を丁寧に揉みほぐしたあと、手を上に向けたままぶらぶらさせてあげると、不思議と肩や首のこりまでもスッキリします。

腕や肩、首が軽くなると、自然と肩の力が抜けて、背筋がシュッと伸びてくる感覚が味わえるのではないでしょうか。

親指を隠して中指を意識するだけで上品に

手の所作についてもお伝えしましょう。
先ほどの肘から手首のマッサージと手をぶらぶらさせる動作をすると、手から指先も柔らかく動かしやすくなるはずです。

品のある人は手の所作が美しいとよく言われますが、美しい手の所作の基本は、指を伸ばして親指を隠すことと、中指を意識することの2点です。

手を伸ばすときは、ジャンケンのパーの形ではなく、親指以外の4本の指を揃えて親指は4本の指の下に添える。

スマホを操作するときは、人差し指ではなく中指で操作してみる。

ものを取るときは、できるだけ親指と中指で持ち、ほかの指は添えるようにする。

手元のペンやコップを持ち上げるときに試してみてください。指を曲げて握るのではなく、親指と中指で挟み、ほかの指はまっすぐ添えて重さを支えるように持つと、とてもエレガントに見えるはずです。

指の動きがイメージしづらいときは、影絵遊びの狐の手を思い浮かべてみましょう。狐の耳の部分、人差し指と小指を立てずに中指や薬指に沿わせる形が基本の手の形です。その手でティッシュペーパーを引き出すような柔らかな動きをすることが、美しい手の所作の基本となります。

手や指の滑らかな動きは、肩甲骨から腕にかけてのしなやかな動きがあってこそ。こまめにこりをほぐして、指先まで美しく上品な動きを意識してみてください。

足を引きずると足をすくわれる

未来の不安や過去の反省はいらない

夕方の帰宅時間、駅に向かう人の流れを見ていると、心ここにあらずの様子で歩いている人をたくさん見かけます。

よほど疲れてしまったのでしょうか。足を引きずるようにしてモゾモゾと猫背で歩いていたり、顔だけを前に突き出して、不安定な視線で歩いていたり。

また、相当機嫌が悪いのか、大股早足で、足を地面に叩きつけるように歩いている人もいます。

今歩いているその状態を味わうなどといった心の余裕はうかがえません。

きっと、会社に戻って片付けなければならないことや、家に帰ってからしなければならないことで頭がいっぱいになってしまっているのでしょう。

かくいう私だって、そんな歩き方になってしまうこともあります。たとえば足に合わない靴を履いて出かけてしまったときなどは、歩きを楽しもうなどという気分にはなれません。

足を引きずりながら、「もう歩きたくないけど、急がないと待ち合わせ時間に遅れちゃう」などと焦ったり、「また合わない靴を買っちゃったな……」などと後悔したり。

こんな日に限って電車が遅れていてホームが大混雑していたりすると、さらにイライラが募ります。

でも、考えてみてください。イライラを募らせているときというのは、たいてい未来に起こるかもしれないことを気にしているときや、過去にしでかした失敗を気にしているときではないでしょうか。

たとえば、「待ち合わせ時間に遅れたらどうしよう」が未来の不安。「また合わない靴を買ってしまった」が過去の反省。今考えても仕方がない未来の不安や過去の反省ばかりを気にすると、今歩いている、今電車を待っているというその状況に気持ちを集中させることができません。

本来は、今電車が遅れているという状況にのみ気持ちを集中させ、情報を集めたほうが生産的です。集めた情報をもとに、タクシーを呼ぶなり電車を待つなりの判断を冷静にすれば良いだけで、そこにイライラは発生しないはずなのです。

今を感じながら姿勢を正して歩く

自分の体と気持ちが今の状況をしっかりと把握していないと、足をすくわれます。まずは物理的に、心ここにあらずで歩いていて転んでしまったとか、前から来る人に気づかずにぶつかってしまったなどという危険があります。怪我はたいてい、ぼんやりしているときに起こりがち。一瞬の不注意で長い時間苦しむことにもなりかねません。

また、体と気持ちがしっかりとつながっていないと、いろいろなものの影響を受けやすくなります。良からぬ人の甘い言葉についフラフラと吸い寄せられてしまったり、なんとなく不運や不幸の気配がする方向に足が向いてしまったり。

「魔が差した」「足をすくわれた」などというのは、間違いなく体と気持ちが今の状況に集中していなかった瞬間に起こります。

「今、ここに集中する」、いわゆるマインドフルネスに関して、最近は世間の注目度も高まっています。日々の心配や不安などといったつい頭に浮かんできてしまう雑念を鎮め、過去や未来にとらわれず今だけに集中する精神状態を作るために、「瞑想」の時間を奨励している職場も増えています。

もちろん、目を閉じて姿勢を正し、深呼吸しながら心を落ち着かせる瞑想も素晴らしいことです。ですが、今をしっかりと感じながら一定のテンポで歩くというのも、瞑想に負けず劣らずの手法だと思います。

疲れていても……いや、疲れているときこそ足をすくわれることのないよう、一歩一歩を丁寧に味わいながら歩いていきたいものです。

良い靴は良い場所に連れて行ってくれる

自分の足の本当のサイズ、知っていますか？

お店で試着し、ゆっくりじっくり歩いて吟味したはずなのに、なぜか足に当たる部分がある。長い時間歩くと靴擦れができてしまう……。

体の痛みに気を取られていると、気持ちまで重たくなってきます。

特に女性は、特有の体調の変化によって、足のむくみが強くなることもあります。少し前まで問題なく履いていた靴なのに、今日いきなり窮屈に感じてしまうことだってありえます。

また、最近は実店舗で試着をすることなく、ネットで靴を買う人も多いでしょう。靴のサイズと自分の足とのフィット感に関して深く考えたことがない、なんていう人もいるのではないでしょうか。

実は、靴のサイズは足の長さ（足長、23センチとか24センチといったもの）だけではなく、足の周囲の長さ（足囲、ワイズともいう）も重要な指標となります。よくEや2E（EE）などという表記を見ますが、それが足囲の指標です。

足囲を正しく測るには、親指の関節の一番出っ張っている部分と小指の関節の一番出っ張っている部分をメジャーでぐるっと一周させます。

自分の足長と足囲を出せば、日本産業規格（JIS規格）の靴のサイズ表で、正しいサイズを確認することができます。スニーカーショップなどでは足長と足囲を測ってくれるところもありますが、実は、足のサイズに詳しい靴屋さんは多くありません。

実際に測ってサイズ表を確認してみていただきたいのですが、最近の人は足囲が細く、DやC、Bといったサイズの人も多いです。けれど日本では、お店で売っている靴の多くが、EやEEといった幅広タイプのものが主流。多くの人が自分の足囲よりも大きな靴を履いているというのが現状です。

きついよりも大きいほうが良いのでは、と思われるかもしれません。ですが、自分のサイズよりも幅の広い靴を履いてしまうと、足がグラグラと不安定になったり、靴の中で足が前滑りして指が圧迫されたり、痛みや不快感に悩まされることになります。

以前はハイヒールを履く女性特有のものだと考えられていた外反母趾ですが、実は大きな靴が原因で発症する場合があります。幅の大きな靴を履くことで前滑りした指が圧迫され、親指が内側に曲がった状態で変形してしまうのです。

足が前に滑らないように足指で必要以上に踏ん張ったりすることで、さらに変形をひどくしてしまうこともあります。もちろん女性だけではなく、男性でも子どもでも起こりうる足の変形です。


足に合わない靴を履き、足の痛みに耐えながらにこやかに歩くなんて、どう考えても難しいことです。一方で、自分の足にシンデレラフィットした靴を手に入れると、軽やかな足取りでどこまでも歩いていけるような気分になります。

笑顔になれる靴を一足持つ

「良い靴は良い場所に連れて行ってくれる」というのは、ヨーロッパのことわざだと伝えられています。たしかに、足に合った素敵な靴を履いていると、それに見合った素敵な場所に行きたくなりますよね。

「良い場所」という言葉を、「素敵な出来事」や「新しいステージ」という言葉に置き換えてみてください。素晴らしい未来へと歩いていけるような気がして、心が躍ってきませんか？

靴はとても小さなアイテムで、ファッションの中でも目立つ存在ではありません。でもそれが自分に合っているかどうか、自分が満足できるものかどうかによって、思考や歩き方、行動そのものまで変わってきます。

高価なものでなくても構いません。自分のサイズを知り、自分に合った靴を選びましょう。その靴を丁寧にお手入れして、長く大切に扱いましょう。

この靴を履いていると安心できて、歩くことが楽しくなるという靴を一足持っておくだけで、ポジティブな気持ちで満たされます。

そんなあなたの姿が、良い場所や素敵な出来事、新しいステージを引き寄せるのです。

歩き方で駅までの道のりも楽しくなる

歩く時間は綺麗を磨く時間

あなたのご自宅は、最寄りの駅やバス停からどのくらいの距離ですか？

私は少し辺鄙な住宅街に住んでおり、駅からは歩いて20分、バス停からも歩いて10分かかります。おまけに、どちらから歩いてもかなり急な坂を登らなければなりません。真夏や真冬は、なかなかハードな道のりです。

ウォーキングインストラクターになる前は、駅やバス停から歩く時間はロスタイムでしかありませんでした。この20分や10分さえなければ、家をもう少し遅く出ることができますし、家に帰る時間も早くなります。その時間でどれだけのことができるのだろうと思うと、無駄な時間にしか思えませんでした。

ですが、ゆったりと行動して心豊かに過ごしても、セカセカと焦って行動しても、全体の時間は大差ないのが現状です。たとえ駅から歩く時間が短くなったとしても、そのぶん余計なネットサーフィンの時間が増えるだけかもしれません。

そうであるならば、歩かなければならない時間を、楽しく、かつ有意義な時間として過ごしたいですよね。

のんびり景色を楽しみながら歩くのもアリですし、考えごとをまとめながら歩くのも良いですが、たまには歩き方そのものに注目をしてみませんか?

私は歩いているときに、右に寄っていくクセがあることを自覚しています。幼い頃から右足を怪我することが多かったのですが、どうも右側のほうが筋力が弱いようで、ランニングマシンで歩いていると、徐々に右にズレていってしまいます。

少し専門的な言い方になりますが、骨盤の位置や動き方、動かし方の左右差が大きいことが影響していると考えられます。

そこで、駅までの歩きはこの左右差をなくすためのトレーニングの時間だと割りって歩を進めるように心がけています。

たとえば、ここからひとつ先の角までは、足裏の重心移動だけを意識して歩く。その先の交差点までは、ひたすら後ろ足の蹴り出しだけを意識して歩く。

こんな感じで課題意識を持って歩くと、駅までの時間もあっという間に、楽しく過ぎていきます。

左右差をなくす歩きを意識する

ぜひあなたも、歩かなければならない通勤や通学の道のりを、美しくなるための時間に変えてみましょう。

1 バッグを持ったり肩にかけたりする側を、ここからあそこまでは右、あそこから向こうまでは左と分散させてみる。
2 リュックを背負っている場合や手荷物がない場合は、腕の振りの左右差をなくすように気をつけてみる。
3 足を出したときのつま先の角度が左右同じになるように気をつけてみる。

4 左足が前に出た場合と右足が前に出た場合の歩幅が同じになるように気をつけてみる。

これだけでも、かなり左右のバランスが整ってきます。特にスカートの中心線が左右どちらかに回りがちな人は、この4点に気をつけて左右差をなくす歩き方を心がけてみてください。

長年の体の使い方のクセが左右差を生むので、差をなくしていくにはそれなりに時間がかかります。ですが、ただ漫然と歩いているだけだと、その差はさらに開いていってしまいます。

駅までの道を例にお伝えしましたが、もちろん毎日のお散歩でも構いません。楽しみながらチャレンジしてみましょう。

深く呼吸すれば がさつな動きはできない

動きの基本になる呼吸を意識する

あなたは、自分の呼吸が深いか浅いか、意識したことがありますか？

大半の人は、何も考えずに生活していると思います。

これまでも何度か書いてきましたが、ゆったりと深い呼吸をしながらセカセカとした動きをすることはできません。深い呼吸でリラックスしながらイライラを募らせることもできません。

品のある落ち着いた立ち居振る舞いをしたいのであれば、まずは呼吸を鎮めましょう。あれこれ考えるのはやめて、ひとまず深呼吸。これだけで十分に落ち着くことができるはずです。

また、呼吸にはインナーマッスルを刺激する効果があります（１３２ページ参照）。

お腹を動かす腹式呼吸でも、肋骨を動かす胸式呼吸でも、どちらを行っても体への良質な刺激になり、エクササイズ効果も期待できます。

さらに立ち居振る舞いを優雅にしていきたいのであれば、深い呼吸に動作をシンクロさせるような気持ちで動いてみるのもひとつの方法です。

コーヒーカップに手を伸ばしながら息を吐いて、カップを近づけながら息を吸う。呼吸を落ち着けて一口味わったら、窓の外に目をやってまた深呼吸。

……なんだか逆に落ち着かない、なんていう人もいるかもしれません。たしかに、いちいち呼吸と動作を連動させるなんて、日常にはない動きですよね。でも、それだけ私たちは、深くゆっくりと息をするということを忘れてしまっているのだとも言えるのではないでしょうか。

1パーセントの深呼吸を試してみよう

私たち人間は、一日に約2万回呼吸を行っていると言われています。あれこれ考えているときも、時間に追われて焦っているときも、ぼんやりお風呂に入っているときも無意識に呼吸しています。

その2万回の呼吸のほんの1パーセントだけでも深く丁寧な呼吸を意識するだけで、気持ちが落ち着くだけではなく、体を引き締める効果もあって、品のある動きが身につくのであれば、やってみない手はないと思いませんか？


今、1パーセントと書きましたが、2万回の1パーセントは200回。成人は1分間に12〜20回程度の呼吸をしている（吸って吐くを1回と数えた場合）と言われています。

一日合計15分前後、細切れ時間を用いながら深い呼吸を意識するぐらいなら、私たちでもできそうですよね。


朝、歯を磨いたあとに、鏡に向かって「壁立ち」をしながら深呼吸。

ランチを食べたあと、窓を開けて外の空気を取り込みながら深呼吸。

会社や学校、スーパーからの帰り道、正しい姿勢で歩きながら深呼吸。

夜、眠りにつく前に、ベッドの上で深呼吸。

「丁寧な暮らし」という言葉が知られるようになって久しいですが、慌ただしく過ぎていく日々の中、さまざまなものを手作りするなどのスローライフはなかなか難しいと感じている人も多いことでしょう。

ですが、良い呼吸を意識できそうな細切れ時間は、案外たくさんあります。

その時間だけでも、頭の中から雑念を追い払い、ゆったりとした動作を意識してみてください。

きっと良い気分転換になるはずですし、習慣づけていくことで、余裕のある美しい動作が自分のものになっていくはずです。

column

3

「壁立ち」でマインドフルネス

美しい姿勢を作るためには、体幹を鍛えることが必要。日常に無理なく取り入れられるエクササイズとして「壁立ち」がおすすめ。呼吸をともなった瞑想を取り入れると、気持ちも整います。

体のゆがみを矯正し正しい姿勢に

正しい姿勢は「くるぶし」「膝」「腰」「肩先」「耳」が一直線上にある姿勢ですが、自分で意識し、整えるのは難しいもの。壁に沿って立つことで自分の姿勢を整えることができます。

インナーマッスル強化で代謝もアップ

壁立ちを習慣化した結果、1か月でジーンズのサイズが1サイズダウンした人も。インナーマッスルが鍛えられるので、姿勢がよくなるのはもちろん、代謝もアップします。

深く呼吸をすることで気持ちが穏やかに

壁立ちに合わせて深い呼吸を意識すると、気持ちが落ち着き、穏やかになっていきます。呼吸法を取り入れた「壁立ちメディテーション（瞑想）」を習慣化してみてください。

基本の壁立ち

体幹のインナーマッスルのほか、背中の筋肉も鍛えられ、姿勢改善につながります。

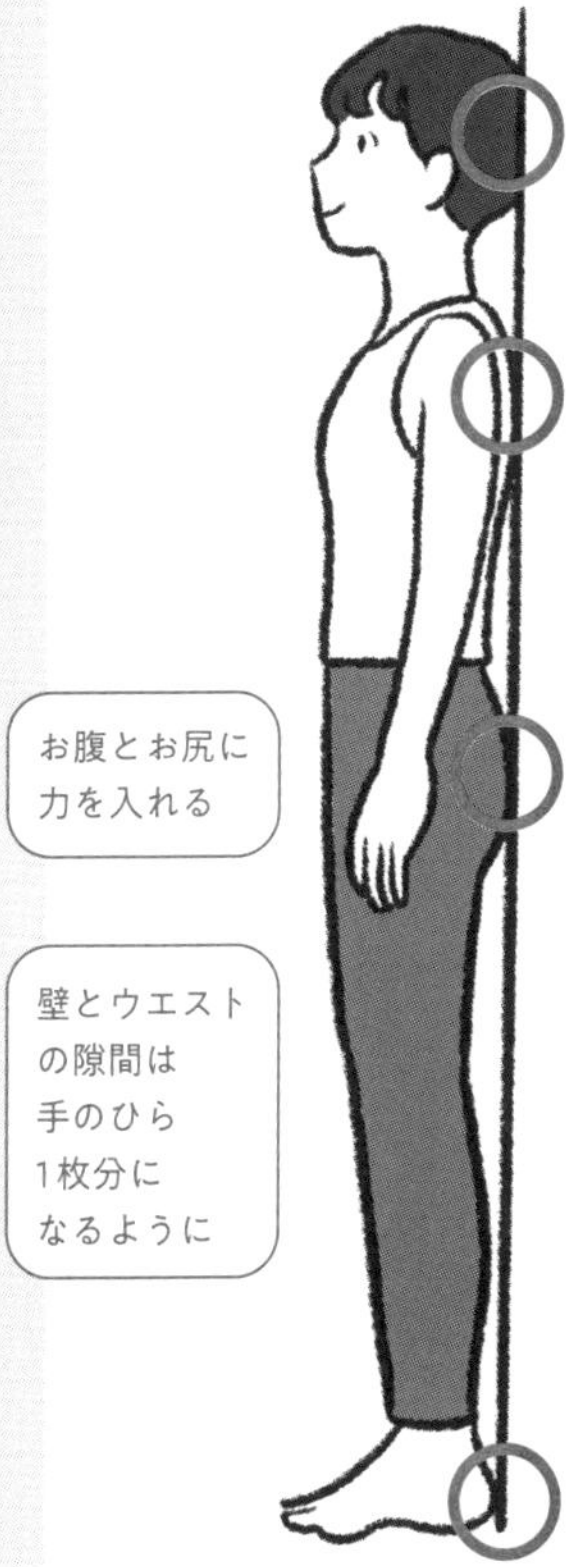
お腹とお尻に力を入れる
壁とウエストの隙間は手のひら1枚分になるように

❶ まずはカカトを壁につけます。カカト同士はくっつけ、つま先は握りこぶし１つ分ほど開けます。

❷ 右膝と左膝の間は開けないように。O脚の人も無理のない範囲で膝同士をくっつけます。

❸ 内ももの筋肉（内転筋）を意識して、紙１枚挟んでも落とさないイメージで足をそろえます。

❹ お尻を壁につけます。

❺ 胸を気持ちよく開き、肩甲骨（できれば肩）を壁につけます。

❻ 後頭部を壁につけます。

POINT

壁とウエストの隙間に手のひらが２～３枚入るという人は、反り腰になっています。これを手のひら1枚分になるように、お腹にグッと力を入れて壁との隙間を埋めていきましょう。肩甲骨周りが硬くなっている人は、「肩を壁につけて腰は反らない」というのが難しく感じるかもしれません。

壁立ちに深呼吸をプラス

壁立ちに合わせて、深い呼吸をしてみましょう。さらにエクササイズ効果が高まり、気持ちも落ち着いてきます。

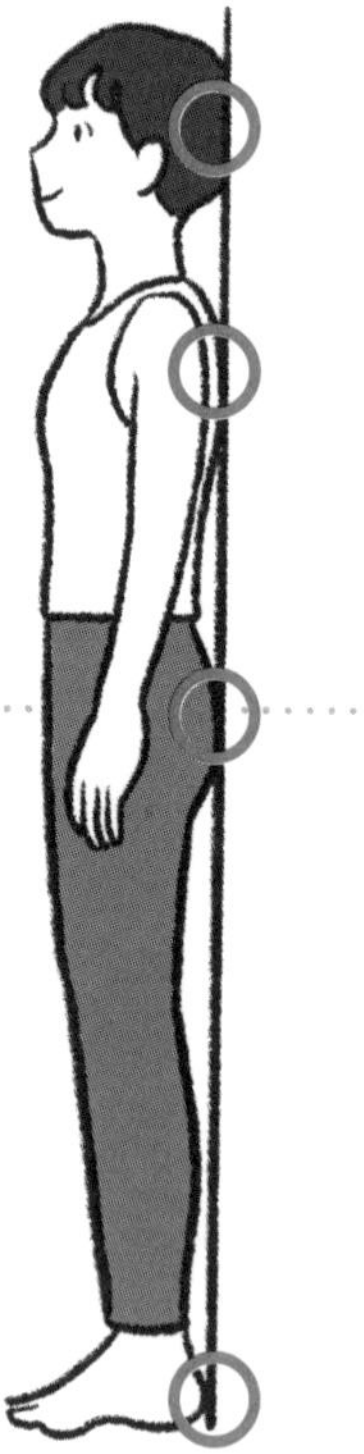

腹式呼吸

❶ 息を吐くときは、お腹がギュッと縮むイメージをしながらすべての息を吐き切ります。

❷ 続いて息を吸うときは、お腹に空気が入って膨らみ、背中にまで入ってくるイメージで深く息を吸います。

胸式呼吸

❶ 腹筋は軽く引き締めたまま、肺全体を意識して肋骨を閉じることを意識しながら息を吐き切ります。

❷ 息を吸うときは、やはり腹筋を引き締めたまま、肋骨や肺を広げるように息を吸い込みます。

POINT

腹式呼吸は内臓を動かす呼吸、胸式呼吸は姿勢を整える呼吸と言われています。どちらにせよ、壁立ちの姿勢をキープしたまま、深い呼吸を行ってみましょう。時間は何分でも構いません。長くできそうなときはゆっくりしてみるのもいいですし、時間がないときはサクッと行うだけでも大丈夫。できれば毎日の習慣にしてみてください。

Chapter

4

「美人に見られたい」を捨てると綺麗になる

誰でも「綺麗になりたい」って言ってもいい

撮影会で何度も目にする嬉しい奇跡

私はこれまで、何度も奇跡の瞬間を見てきました。
起業家やモデルの卵などが参加する、プロフィール写真の撮影会での出来事です。
私はポージングの指導者として、撮影の場に立ち会うことがあります。

写真スタジオに来られるときは、皆さんほぼノーメイクです。その姿はどことなく恥ずかしそうで、帽子やマスクでお顔を隠していらっしゃる方もちらほら。挨拶の声も優しく静かで、なんとなく丸く見える背中と相まって自信なさげな雰囲気を纏っていらっしゃる方も多く見受けられます。

ですが、プロのヘアメイクさんの手にかかると大変身！

クリームでたっぷりとお肌を保湿し、ベースを丁寧に整えて眉を描き、目元を彩ってチークをのせる頃には、お顔はもちろん声にまで張りが戻り、おしゃべりも弾みます。

ぱっちりとした瞳に、きゅっと上がった口角。ほんのり幸せそうに染まった頬。

髪をふんわりと整えて撮影用の衣装に着替えると、何も言わずともシュッと背筋が伸び、ビッグスマイルが飛び出します。


そして、ポージングをしっかりと決めて素敵に写った写真をご覧になると、皆さん照れ隠しのようにこうおっしゃいます。

「わぁ、私、綺麗だわぁ。これ、遺影にしよう！」

けれど、「遺影にしよう」なんておっしゃる方に限って、毎年のように撮影をしに来られるのだとか。

素敵な自分に出逢いたいという思いが、自分史上最高の「綺麗」を更新していくのです。

隠れていた綺麗に気づき、自信に変える

綺麗の魔法は、私にだって心当たりがあります。

「今日は家にこもっている日だからいいや」と、ボサボサの髪のままノーメイクで過ごしていると、鏡を見たときにギョッとすることさえあります。たしかに誰にも会わないのですからなんの問題もないのですが、そんな自分の姿を見て気分が上がるなんてことは絶対にありません。

一方で、メイクがうまくいって、自分で自分を「ちょっといいかも」と思えた日は、それだけでなんとも華やかな気分になれます。

誰にも気づかれなくても、自分で自分にマルをつけることができただけで、仕事や家事のルーティンワークでさえも気分良く取り組めたり、誰かとちょっとした言葉を交わすのが楽しくなったりするのです。

女性が自分の中に隠れていた綺麗に気づき、それを小さな自信に変えてスッと姿勢を正すその姿は、神々しささえ感じます。さらに一歩を踏み出し、丁寧に歩いていく

その後ろ姿には、力強さがみなぎっています。

不細工だから、普通の人間だから、というのは、ただの言い訳にすぎません。もっと綺麗になりたい、素敵になりたいというのは、人として自然な願いです。

わかりやすいメイクを例に説明をしてきましたが、メイクが苦手なのであれば、美しい姿勢と歩き方で立ち居振る舞いを徹底的に磨くのも素敵です。気になっていた分野の本を読み、教養を磨くことが何よりの「綺麗」だと考える方もいらっしゃるでしょう。

あなたが思う「綺麗」って、何でしょうか？
まずは、それを分析することが「綺麗」の始まりです。

「若く見られたい」か「若々しくなりたい」か

「品格」と「若々しさ」の根っこは同じ

「若く見られて嬉しい」というのは、ある程度年齢を重ねた女性であれば、心当たりのある感情だと思います。一方で、重ねてきた年齢そのものが放つ重みや威厳といった存在も無視できません。

ある程度の年齢になったら、単純に「若く見える」ことを追うよりも、「若々しさ」と「品格」の両立を目指したほうが素敵なのではないかと私は考えています。

50代なのに30代に見えても、一瞬は嬉しいかもしれませんが、それは重ねた20年分の品格がないと言われているのと同じこと。薄っぺらな「若見え」は、それだけ人としての成長が見えないと言われているようなものだと思いませんか？

私の知り合いの女性は、仕事を退職されてから大学に入り直し、興味のある分野の研究を続けていらっしゃいます。座学で得た知識をご自身の経験で解釈し、ご自身ならではの哲学として披露されるその姿は、とても凛とされていて素敵です。

そんな彼女が纏っているのが、さまざまな経験を経て得たのであろう落ち着きや穏やかさといった「品格」です。その一方で、好きなこと、興味のあることを今まさに追求しているのだという、喜びに満ちた「若々しさ」も感じます。

もちろん、お顔をまじまじと見つめたら、年齢ならではのシミやシワもあることでしょう。体だって、若い頃にはなかった悩みがあるはずです。でも、こうした年齢サインなどかき消して見えなくしてしまうのが、その人独特の「品格」であり「若々しさ」なのです。

「品格」と「若々しさ」は相反するように聞こえるかもしれません。でも私は、根っこは同じと捉えています。

自分はこれが好き、これを探求していこう！　そんな好奇心を持ち、極めようとする過程が若々しさを生みます。そして、その好きに熱中した先には、積み重ねてきた自信と、まだまだ学び尽くせていないという謙虚さが同居した品格が生まれます。
この品格と若々しさの両立こそ、大人ならではの魅力だと言えるのではないでしょうか。

教養といった内面的なものを例に挙げましたが、外見的なことであっても同じです。ファッションが大好きで、着るものには妥協したくない。そんな女性が、若い頃からコツコツと集めてきた質の良いものを、新旧ミックスして着こなしていたらどうでしょう。あるいは、自分に似合うメイクを知りつつ、そこにひとさじの流行を加えた遊び心のあるメイクをしていたら……。

自分というものを知り尽くした大人の着こなしやメイクには、やはり威厳や品格を感じます。それでいて、好きなファッションやメイクを楽しんでいるのだという満足感や高揚感が、若々しさとして現れているはずです。

10年後も20年後も輝き続ける秘訣

私のウォーキングレッスンの生徒さんは、20代から70代まで幅広い年代の方々がいらっしゃいます。
素敵なマダムのレッスンを担当するたびに、私も品格と若々しさの両輪を持つ女性になりたいという思いを強くしています。

今20代、30代のあなただって、品格と若々しさの両立は可能です。

仕事や趣味など、なんでも構いません。夢中になれることに集中するその目の輝きこそ、若々しさの秘訣です。また、積み重ねてきた自信と、夢中になってもなお極められないことがあるという事実を前にした謙虚さとが同居することで、その人らしい品格を生み出します。

あなたの10年後、20年後は、残念ながら若さはなくなっているかもしれません。
でも、あなたならではの品格と若々しさが、きっとあなたの魅力を一層引き立ててくれているはずです。

褒められたら、謙遜しない

褒め言葉を受け取る素直さが魅力になる

日本人には積極的に人を褒めるという習慣がなく、褒められても謙遜をして素直に受け取れない人が多いと言われています。

たしかに「あの人素敵だな」と思ったとしても、すれ違いざまの知らない人にまでわざわざ声をかけることは少ないですし、褒められたら謙遜をするのが美徳と教えられてきた人も多いでしょう。

また、実際の会話では、褒められて「ありがとうございます」と、いったんその言葉を受け取ったとしても、「でもね、実はこんなところがあって……」などと、ちょっとだけ自分を落とすようなことを言ってバランスを取ろうとする人も多いような気がします。

よく知られている会話としては、お洋服を褒められたときに、

「ありがとう！　でもこれ、古着ですごく安かったのよ。いくらだと思う？」

なんていうパターンです。これはこれでお買い物情報という会話が広がる、潤滑油となるオチですよね。


ですが、自分を落とすことで謙遜というバリアを張り、「私は決して調子に乗っていませんよ」と防御しているように聞こえる会話もあります。

たとえば、「お洋服が素敵ですね」と声をかけたのに、

「そんなことはありません。これ、古着なんです。私、新しい服が買えないんです」

なんて返されたらどうでしょう。どう会話を続けたらいいか困ってしまいますよね。

そもそも、偽物の褒め言葉を口にする人もいないとは限りません。そんな人向けの対策なのかもしれませんが、人に対する疑念がベースにある会話は、聞いていて悲しい気分になります。


たしかに、褒め言葉に裏がある場合もあるかもしれません。でも私は、褒め言葉を

しっかりと受け取る素直さこそが、その人の魅力になっていくはずだと信じています。偽物の言葉さえも笑顔で受け取り、その言葉を肥やしにしてより美しい存在になっていけたとしたら、わざわざ言葉で意地悪をしてきた人に対する最高のリベンジになるのではないでしょうか。

SNSで練習できる褒め言葉のやり取り

素敵な人を見つけたら、すぐに言葉にして褒めてみる。

褒められたら、素直に受け取って自分の肥やしにする。

気負うことなくこの2つができる人は、とても魅力的な人です。

でも、対面で瞬時に言葉にするのは得意ではないという人も多いことでしょう。

私は褒め言葉のやり取りを、インスタグラムで練習しました。

インスタグラムにも辛辣な言葉を投げる人はいますが、ほかのSNSに比べて「すれ違いざまの知らない人」に対しても、良いと思ったら褒め言葉を投げかけるという人がたくさん生息しているような気がします。そのため、知らない人を褒める練習には良い環境だと感じています。

また、インスタグラムのコメントを眺めていると、差し上げた褒め言葉を素直に「ありがとう、嬉しいです！」と受け取っている人が多いです。

面と向かって褒められると照れるし、瞬時にどう答えていいか戸惑ってしまう人であっても、インスタのコメントを返すには、考える時間があります。そのため、

「ありがとうございます」

「そのお言葉、とっても嬉しいです」

「素敵なあなたにそう言っていただけて幸せです」

などなど、いろいろな言葉のバリエーションを試しながら、褒め言葉を素直に受け取る練習ができるのです。

「褒め慣れた人」と「褒められ慣れた人」が増えたら、世の中はもっとハッピーになることでしょう。少なくとも、後ろ向きな言葉を使う人よりも遥かに綺麗な人が増えるはずです。

そんな世の中になることを願いつつ、今日も私は、素敵な人を褒めて、褒められたら素直に受け取ることを心がけています。

内股のほうが女性らしい？

日本特有の「ガニ股」の捉え方

ウォーキングインストラクターになってからというもの、街を行く人の歩き方を眺めるのが好きになりました。

ゆっくりと大地を踏みしめるように歩いているおじいちゃん、弾むように髪をなびかせながら歩いている女子高校生。正しい歩き方か否かはひとまず置いておいて、その人が持っている雰囲気やキャラクターに合った歩き方をしている人を見ると、なんとなく心がほっこりとします。

一方で、頭を上げて颯爽と歩いている女性を見ると、なんだか私まで背筋を伸ばし、サクサクと歩きたくなってきます。かっこよく、美しく歩いている女性は、周囲の人の気持ちまでビシッと整えてくれるような気がします。

そんな中、案外多く見られるのが、内股歩きの女性です。

内股歩きとは、両足のつま先を内側に向けて歩くこと。アニメのキャラに内股立ちや内股歩きの女の子を見ることがありますが、その動きが「かわいい」とか「女性らしい」ということで、内股歩きを意識している女性も多いようです。

内股の対義語に「ガニ股」という言葉がありますが、なぜか日本では、年齢問わずつま先が外を向く歩き方を「ガニ股」と呼んで嫌う人が多いです。和服の文化も大いに影響しているのでしょう。女性が肩で風を切るように堂々と歩くのははしたないという考え方が根底にあるのかもしれません。


ですが、つま先だけが外を向く歩き方を「ガニ股」というのは間違いです。

本当の「ガニ股」は、膝もつま先も外を向いてしまっている状態を指します。

『こちら葛飾区亀有公園前派出所』という漫画の主人公、両さん（両津勘吉）をご存知でしょうか。彼は典型的なガニ股で、膝が外向きに曲がり、重心が左右にフラフラと移動しながらのガニ股歩きをしています。漫画ですから誇張はありますが、あのような歩き方でない限り、ガニ股とは言いません。

つま先がやや外を向いた足運びで颯爽と歩く女性は、惚れ惚れするほどかっこよく、綺麗に見えます。

膝はまっすぐ前を向いているけれど、足を出した際につま先が30度ほど外に向く歩き方は、足が長く見えて美しいだけではなく、骨盤や股関節にとってても負担のない、自然な歩き方です。

内股歩きは体に良くないことだらけ！

一方、つま先が内側を向く内股歩きは体に良くない影響が多々あります。私は生徒さんが内股歩きをしていたら、口酸っぱく修正するように指導します。

大きなデメリットのひとつは、脚の外側ばかりが発達し、太くなってしまうこと。

試しに内股歩きをやっていただくとわかるのですが、スネの外側や太ももの外側が張るような感覚になると思います。これを毎日続けると脚の外側ばかりが発達し、お尻が垂れて、脚が太くなってしまいます。

さらには、O脚やX脚の原因にもなりかねません。

内股は膝頭が内側に向くため、膝や股関節が歪んだ状態になります。長い時間歪んだ関節で重たい体重を支え続けていたら、脚の形そのものも歪んでしまいます。

最も深刻なのは、股関節が血行不良になること。

内股は関節を歪ませるため、股関節の血管が圧迫されます。そのまま血行不良が続くと、足がむくんだり、冷え性が悪化したりなど、さまざまな不調を引き起こす原因になる可能性があります。

内股のほうが女性らしいという考え方は、百害あって一利なし。

健康のためにも堂々とした美のためにも、つま先を外に向けた歩き方を意識してみてください。

ヒールのある靴を諦めない

ヒールのある靴は特別な存在

あなたは、ヒールのある靴を履いていますか？

履かなくなったという人や、そもそも履いたことがない人、苦手だと思い込んでいる人も多いのではないでしょうか。

最近はおしゃれなスニーカーやワークブーツがたくさん出ていて、少しかしこまったお洋服であってもカジュアルダウンする着こなしが流行しています。歩きやすく、足に優しい靴が世に出ているのは喜ばしいことだと、私も思っています。

実は私も、スニーカーやワークブーツといったカジュアルな靴が大好きです。よく履くようになったのは、２０１１年の東日本大震災を経験してから。震災当時、私は家にいたのですが、夜通し歩いて帰ってきた夫の姿を見て、歩きやすい靴を履く重要性を認識しました。

当然のことながら、ヒールのある靴で何時間も歩き続けることは難しいです。足の甲の部分が大きく開いているカッティングのヒールは女性の足の美しさを最大限に演出しますが、足元に瓦礫が散乱している可能性がある外を歩くには危険すぎます。

そんな理由から、私もお気に入りのカジュアルな靴をいくつか揃えました。

とはいえ、やはりヒールのある靴は特別な存在だと感じています。特にヒール高7センチ以上のハイヒールは、履くだけで今の自分のコンディションがよくわかります。

ハイヒールを履きこなすためには、ある程度の筋力が必要です。

でも、筋力さえあれば歩けるわけではありません。左右にブレることなくまっすぐに前を向いて美しく歩くには、体だけではなく、マインドが整っている必要があります。

何かが気持ちに引っかかっている。軽やかな気分とは程遠い……。

そんな状態だと、不思議なくらい歩き姿が乱れます。体と心の両輪の準備ができていないと、綺麗なハイヒール姿にならないのです。

ハイヒールで歩くのと瞑想は似ている

一方で逆説的になりますが、ハイヒールを履いて美しく歩く訓練を重ねていくことは、誰かと比べて悩んでしまったり、気持ちが安定しなかったりといった外向きになりすぎたマインドを、グッと自分の内側に向け直し、整え直す効果があります。

ハイヒールを履いて周囲を見ると、数センチの高さの違いで視界の開け方が全く変わります。たった数センチ高くなっただけで、いつもよりも遠くまで見渡せるような開放的な気分になります。

その高い視線を保ったまま、体の動きだけに集中しながら一歩一歩注意深く、丁寧に歩いてみてください。日頃の悩みや漠然とした不安といった雑念が頭の中から消えていき、気持ちが鎮まっていくのがよくわかります。

132ページで基本の「壁立ち」をしながら深呼吸をすることをおすすめしましたが、ヒール靴で一歩一歩ゆっくりと歩くのも「壁立ち」や瞑想と同じ効果があります。

たしかに、ヒールのある靴——ことにハイヒールは、女性らしさを強要するものとして忌み嫌う意見もあります。女性に対してヒール靴の着用を強制する就業規則に関し、さまざまな議論がなされたこともありました。

私は個人的に、頻繁に動き回る必要がある職場でヒール靴を全員に強制するのは、個人の健康や事情を何ひとつ考慮していない虐待に等しいと考えています。ですが、ヒール靴が好きで足の健康上も問題がない人にヒール靴を履くことをやめさせる必要もないと感じています。その時々の業務内容や体調によって、ふさわしい靴を選べる仕組みがあればベストなのではないでしょうか。

私にとってヒールのある靴は、自分の心身を整えるための美しき相棒です。足にフィットしたヒール靴を履き、正しい歩き方をするだけで、気分が上がります。

足の故障や怪我などでヒール靴は卒業したという方もいらっしゃるとは思いますが、そうでなければ、たまにはヒール靴を履いて心身が整う感覚を味わってほしいなと思っています。

自分を最高に美しく見せるボトムスの形を知る

流行よりも自分の定番

ファッションには、流行があります。今年はこんな形がおしゃれ、イチオシカラーはこれ。いろいろな情報が飛び交い、ショップの店頭には目をひくコーディネートが並びます。

もちろん、流行を追うのも楽しいですし、試してみたくなるスタイルもたくさんあります。プチプラの洋服が簡単に手に入るこの時代は、とても幸せな時代だと言えるでしょう。

ですが、もっと自分を美しく見せる方法があります。

それは、自分を最高に美しく見せるボトムスの形を知ることです。

たとえばスカート丈。フルレングスもあればマキシ丈もあります。膝が隠れるぐらいのノーマル丈もあれば、ミニ丈も定番として定着しています。丈だけではありません。デザインに注目してみると、プリーツもあれば、フレアもあり、タイトもあります。その膨大なスタイルの中で、最もあなたを引き立てるのはどんなスタイルでしょうか。

パンツも同様に、太めや細め、ストレートなどいろいろな形がありますが、そのどれが自分を美しく見せるのか、逆に、どの形は似合いづらいのか、知っておくととても便利です。

流行にかかわらず自分の定番はこれというものを押さえておくと、買い物でも失敗が減ります。何より、似合っているものを着ているのだという安心感は、自分に自信を与えてくれます。

実は、私が最初に就職したのはアパレルの営業でした。残念ながら入社して数か月で辞めてしまったのですが、そのときに着こなしや美しさについて、さまざまな角度から教えていただいたことが今も役立っています。

当時の教えで印象に残っているのは、洋服の着こなしは、靴を含めたボトムスで決まるということです。

トップスは比較的目が行きやすく、流行を感じやすい部分ですが、ボトムスはその人の品格やあり方といったものを顕著に表すと言われています。

特に足元は、育ちや性格さえも感じさせるパーツです。

気が抜けていると膝をパカッと開けて座ってしまったり、ドスドスと体重の重たさを感じさせる歩き方になってしまったり。そんな残念な仕草を抑え、美しい所作や立ち居振る舞いを意識するだけで、心を掴まれる存在感が生まれます。

その足元を含めた下半身を演出するボトムスが、自分の体の個性に合った最高に美しい一着だったらどうでしょう。存在感はさらに高まると思いませんか？

最高に美しい一着を探し求めて

とはいえ、私もまだ、最高に美しい一着には出会っていません。そんな一着を探し当てるまでに何年かかるのか。もしかしたら一生ものの課題なのかもしれません。

ただし、似合う形のボトムスは、なんとなくわかってきました。

そんなボトムスは、10年前のものであろうと、20年前のものであろうと、もっと言えば母や伯母からのお下がりであるヴィンテージものであっても、私を輝かせてくれます。

とてもじゃないけれど今の流行の形やデザインではないと感じるボトムスも、トップスを工夫するだけで、私の一部となってくれます。

似合うボトムスの形というのは、自分の体の個性はもちろん、足さばきのクセや動き方の速度などによっても変わってきます。

鏡に向かって静止してチェックするだけではなく、可能であれば動いている姿を動画でチェックしたりしながら、自分にとってのベストワンを探してみてください。

そうそう、スカート丈やパンツ丈のお直しも、面倒くさがってはもったいないです。その1センチ、数ミリが、品格のある姿か否かを左右します。

ショップでもお直しは頼めますが、おすすめは家でゆっくりと、ミリ単位で丈をチェックすること。こだわり抜いたその丈が、あなたの自信になるはずです。

自分の色を隠すと、毎日が色褪せる

気がつけば誰にも嫌われない無難なスタイルに

私はなぜか、幼い頃からずっと変わることなく、黄色が好きです。

3、4歳ぐらいの頃の写真を見ると、黄色い花柄のワンピースを着て嬉しそうに笑っている私がいます。

ところが、いつしか黄色を身につけることはなくなりました。おそらく社会人になってからのことだと思います。

もう大人なんだから、黄色い服なんておかしい。社会人なんだから、落ち着いて見える服を着なければ。

気がつけば、口紅の色もヘアカラーの色も無難な色を選ぶようになっていました。

色だけではありません。行く場所も行動も、発言までも知らず知らずのうちに制限をかけるようになりました。

大人なのだからこうあるべき。社会の常識はこんな感じ。自分の「こうしたい」とか「こうありたい」よりも、「枠からはみ出さない」「突き抜けない」ことを優先して生きていたのが、私の20~40代前半です。

実は、これには明確な理由がありました。

私は28歳のときに会社という組織から卒業し、フリーランスのライターになりました。フリーランサーというと、好きな格好をして自由に生きて、なおかつそのライフスタイルでお金を稼いでいるという印象があるかもしれません。でも、実際はそんな自由ばかりではありません。

フリーだからこそ、いつ仕事がなくなるかわからない。

組織の後ろ盾がないからこそ、誰よりも優秀でなくてはいけない。

そんな思いから、無理をしてでも結果を残してきたのはもちろん、誰にも嫌われなさそうな、ザ・無難なスタイルをキープするよう心がけてきたのです。

けれど、「はみ出さない」生き方に従って自分という個性を隠すごとに、毎日も色褪せていくように感じました。

度重なる白髪染めで頭皮がボロボロになり、「私は誰のために髪を染めているんだろう?」などと思い詰めるようになったのもこの時期です。

もっともっと、自分を大切に生きてみたい。挑戦したいことには遠慮なく挑戦し、自分の言葉で発信していきたい。

人生の基準を他人の目にゆだねない生き方をしたいと考えた私の背中を押してくれたのが、幼い私が無邪気に笑っている黄色いワンピース姿の写真でした。私にとって「黄色」は、自由を象徴する色だったのです。

世の中、それほど制限は存在しない

もちろん、常識や良識といった社会のルールを完全に無視することはできません。そのルールと自分という個性の「色」が折り合い、馴染んだところに、新しい視野が広がります。

たとえ制服を着ていても、その人らしい笑顔が弾けていて存在感があるという人は、まさにその馴染ませ方が上手なのだと思います。

世の中には、あなたが恐れているほどの年齢制限など存在しません。社会的立場やジェンダーの制限だってありません。

興味のある場所に行ってみる。
着たい服を着てみる。
一人ご飯や一人旅を楽しんでみる。

自分に制限をかけるのは、自分の進化を信じることができないから。
誰だってもっと綺麗になれるし、もっと自由に生きられるはずです。

何歳になっても冒険していい

唯一答えられた「どうなったら嬉しい？」の問い

黄色いワンピースの話には、続きがあります。

自分が着たいものを着て、心がときめく色を身につけたい！

白髪染めをやめてグレイヘアになった私は、心の底からそう思うようになりました。

とはいえ、ずっと無難な道を歩いてきた私は、「ときめく色」というのがわからなくなっていました。厳選して選んだつもりなのに失敗した……なんていうことも多々ありました。

色だけの話ではありません。何より驚いたのは、自分がどうなりたいかのゴールが描けなくなっていたことです。

フリーライター専業でやっていた頃は、細々とでもライターを続けていくことがゴールだと信じて疑いませんでした。しかし、講演やメディア出演など、仕事の幅が広がったかと思ったところにやってきたコロナ禍の3年間。いきなり仕事が激減した私は、自分に何があるのか、何ができるのかと思い悩めば悩むほどに、何がゴールなのかもわからなくなってきてしまったのです。

そんな中で深く考えたのが、「自分軸」探し（76ページ参照）です。

まさに私は、「本当はどうしたいの？」という問いに答えられなくなっていました。

ですが、かろうじて答えられたのは「どうなったら嬉しい？」という問いでした。

さまざまな仕事や経験を通じて私が人生の目的のひとつに掲げていたのは、「自分に自信がないと感じている人の背中をそっと押して差し上げること」です。そのためにどうしたいのか、何をしたいのかはすぐに答えることはできなかったけれど、

「私の姿を見て勇気を持ってもらえたら嬉しい」

「私が書いた文章を読んで希望を持ってもらえたら嬉しい」

など、いくつかの「嬉しいこと」を挙げることができました。

その嬉しいことリストを眺めていて、ふと大切なことに気づいたのです。「誰かの背中を押して差し上げる」という目的さえブレなければ、そこへ行く道順や方法、一緒に行く人、使う乗り物は何だっていいのではないかと。むしろ、ひとつの「どうしたいのか」にとらわれず、何でもやってみたらいいのではないかと。

旅先の黄色いワンピース、「これぞ私！」

それは、色に関しても同じことでした。
制限の中で生きるのに慣れていた私は、この期に及んでもなお「ときめく色でなければならない」などという制限をかけようとしていました。でも本当は、そんなのはどうでも良いのです。今の自分が良いと思えば、それが正解。たとえ数か月後に違和感を覚えたとしても、それは私の感覚や見る目が進化しただけのことなのです。

そう割りきることができるようになってしばらく経ったある日、旅先で真っ黄色のワンピースに一目惚れしてしまいました。正直、50歳にもなって黄色なんて……という思いもよぎりました。でも、その服を試着したとたん自分にしっくりと馴染み、

「これぞ私！」という感覚が湧いてきたことを今でも忘れることができません。

50歳を過ぎて再び真っ黄色のワンピースを手に入れた私は、そのワンピースを着て某メガネブランドのモデルをしました。

そのポスターを見た人から、「私も綺麗な色を着てもいいんだと勇気づけられました」とか、「メガネや老眼鏡にマイナスイメージを持っていたけれど、それは違うと気づきました」などといった言葉をいただくことができました。まさに私の芯にあった、「誰かの背中を押す」ことができた瞬間です。

何歳になろうと、どんな生活をしていようと、冒険をしていいんです。

あなたの芯にある人生の目的がブレなければ、何を着ても、何をしても構わない。なんなら、人生の目的さえもなくて構いません。

制限をかけずに冒険をしていくことで、初めて人生の目的に気づくこともあると私は信じています。

人生の再スタートは、何歳からでも切ることができるのです。

大人のプライドを捨てたときに現れる理想

大人が描く夢と覚悟

50歳になった私の、最大の冒険。それは、ウォーキングインストラクターの資格取得に向けた実践と勉強です。

私はコロナ禍をきっかけに「誰かの背中を押す」活動として、文章や講演といった言葉によるアプローチだけではなく、体を動かすことによるフィジカルへのアプローチもしていきたいと考えました。そこで、ウォーキングを習うことを決めたのです。

習うにあたり、さまざまなスクールのサイトを調べ、説明会に参加したり、体験レッスンを受けたりしてみました。その結果、スクールの多くが30代前後の若い人をターゲットにしていることを感じました。

私の姿と年齢を確認したのち、遠回しにではありますが、
「ウチでは浮いた存在になる可能性がありますよ」
といったことを忠告してくれたスクールもあります。

たしかに若い人たちには、無限に近い可能性があります。体が資本となるインストラクターを目指すのであれば、若ければ若いほど良いと言えるでしょう。

ですが私は、40代、50代を超えた大人の強みや武器というものもあると信じています。それは、これまでの人生で積み重ねてきた経験と知恵。そして、大人だからこそ持つことができる強い覚悟です。

大人、特に女性は、仕事や家事、育児、介護など、さまざまな役割を負いながら人生を走り続けています。その中で叶えることができた目標もあれば、手放した夢や、諦めた理想などもあることでしょう。

そんな数多の経験を経て人生の折り返し地点に立った大人だからこそ、描いた夢に対して本気の覚悟を決めることができるのです。

夢に向かう大人は美しい

だからといって、20代、30代の夢は本気ではないという話ではありません。

新しいことにチャレンジしても、意味がないかもしれない。

夢を叶えるなんて難しいかもしれない。

ならば、多少辛くても、今ある安定を手放してはいけないのではないか。

……そんなリスクは、全ての年代に平等にあります。最近のニュースは明るい将来が描きにくいことばかり。むしろ若い世代のほうが先の読めない不安に駆られることも多いでしょう。

でも、誰よりも努力し続けようという覚悟が固まったその先に理想の生き様が広がっていくというのは、世代問わず変わることのない真理です。

あれこれやってきた経験と知恵が「思い込み」という邪魔なプライドになるくらいなら、そんなものを持っていない若い世代のほうが有利です。

学生時代を過ぎ、大人となった私たちの夢こそ、ずっと鮮明で、具体的で、追いかける甲斐のあるものだと私は信じています。

「夢を描く」ことと「覚悟を決める」ことはセットです。

叶えたい夢に向かい、理想を現実にしようと努力し続ける大人の姿は、最高に綺麗だと思いませんか？

column

4

簡単ストレッチとエクササイズ

壁立ちに加えて、「ストレッチ」「肩甲骨エクササイズ」「もも上げ」にもトライしてみませんか？　特に座っている時間が長い人は、立つたびにストレッチのどれかと肩甲骨エクササイズをしてみましょう。もも上げは、体の歪みを整える効果があるほか、足腰を支える大臀筋や腸腰筋を刺激することができます。

ストレッチ

効かせる筋肉を意識しながら、気持ち良く伸ばします。左右10秒程度ずつ行いましょう。

腸腰筋

上半身と下半身をつなぐ腸腰筋は、足を上げるために欠かせない筋肉。硬くなると腰痛の原因に。

ハムストリングス

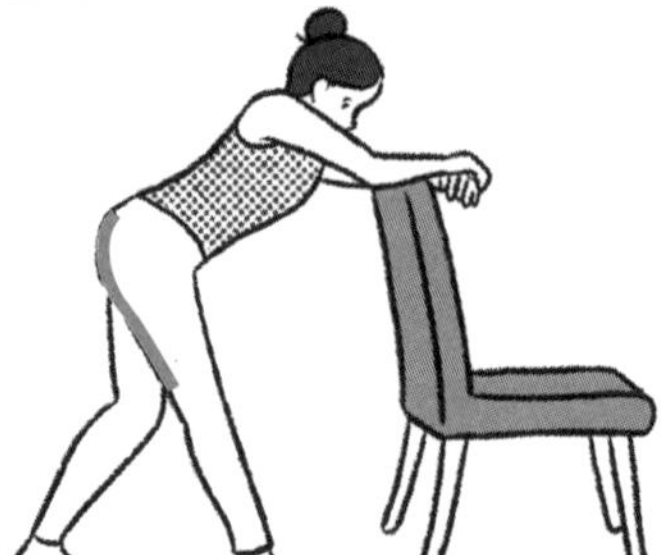

お尻の付け根から太ももの裏の筋肉が硬くなると、腰痛や膝痛の原因に。

内股にある内転筋は、骨盤を下から支える筋肉。衰えると下半身太りの原因に。腰回旋筋（ようかいせんきん）は、腰を回すときに使う筋肉。硬くなると腰痛の原因に。

太ももの前側の大腿直筋（だいたいちょっきん）は、硬くなると腰痛や膝痛の原因に。ももが太いと気になっている人は、ぜひこのストレッチで筋肉をゆるめる習慣をつけてみて。

肩甲骨エクササイズ

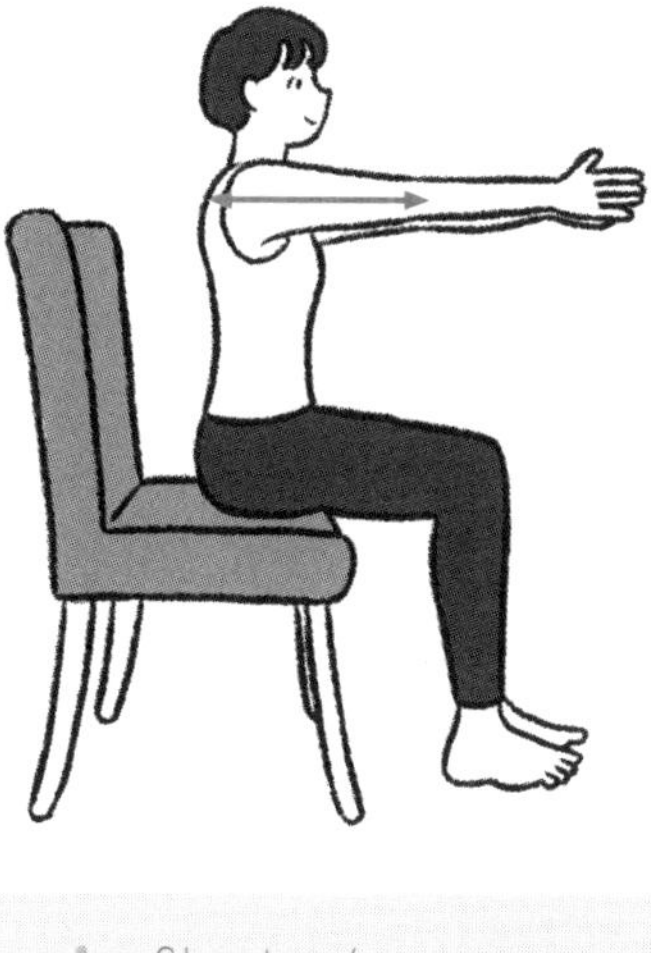

肩が疲れたなと感じたら、手を前に出して肘はまっすぐに伸ばしたまま、肩甲骨同士を寄せたり、離れさせたりしてみましょう。

「前へならえ」をした腕を遠くに伸ばし、肩甲骨同士を離します。気持ちよく伸ばしたら、今度は肩甲骨を限界まで引き寄せながら腕を引きます。肩甲骨を支点にして、腕が前に出たり後ろに下がったりするイメージです。

ゆっくりもも上げ

POINT

上半身は正しく伸ばしたまま、決して腰を反らずに、そのまま脚の筋肉を使って直角に上げることを意識してください。膝下が内側に向いたり外側に向いたりしないように気をつけてみましょう。数をこなして運動負荷を上げることよりも、正しい姿勢のまま、左右の歪みなく足を上げることを意識してみましょう。

全身が映る鏡に向かいながら、ゆっくりとももも上げをしてみましょう。足の上がり方の左右差がないかや、足を上げる瞬間に上半身が動いていないかをチェックします。

前

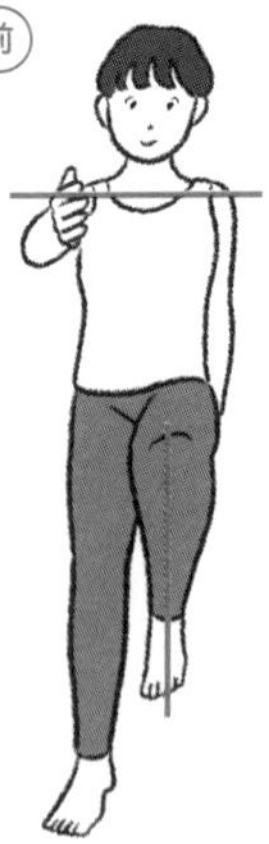

○

横

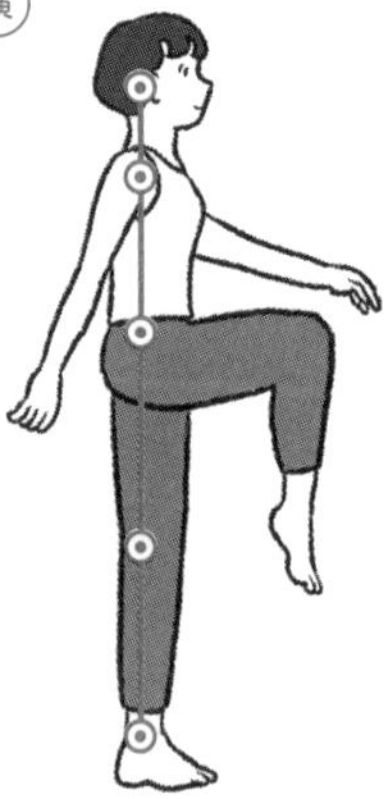

肩は水平をキープしたまま足がまっすぐに上がっている。

片足立ちになった時に正しい姿勢の一直線が再現されている。

前

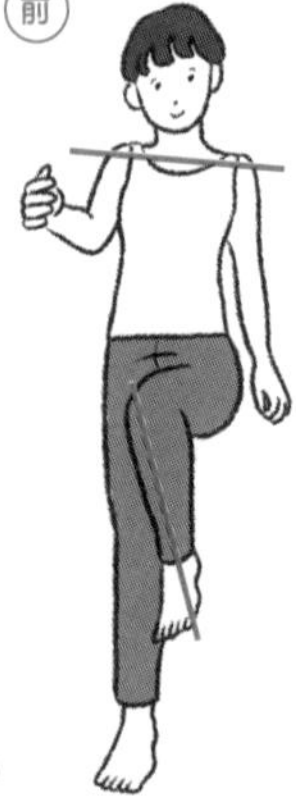

×

横

肩が水平をキープできていない。垂直に足が上げられず、内側や外測にブレてしまう。

疲れてくるにつれて片足立ちの良い姿勢がキープできなくなってくる。

Chapter 5

立ち止まりながら歩いても大丈夫

やること、やらないことを決める

姿勢や心に目を向ける余裕さえない人へ

姿勢とマインドは、卵と鶏の関係に似ています。

姿勢が整うから気持ちが整うのか。気持ちが整うから姿勢も整うのか。

どちらが先なのかなんて、誰にもわかりません。だったら、まずはすぐに変化が出やすい姿勢を整えてしまうことで気持ちを整え、自信へとつなげていったら良いのではないかというのが私の考えです。

とはいえ、私たちの生活は、常に何かに追われがち。

プライベートでは娘や母、妻といった顔がありますし、仕事場ではまた別の役割を担っています。ある意味、男性以上に多くの役目に追われている人も多いことでしょう。

そんな慌ただしさの中では、自分の姿勢や心のあり方に目を向ける余裕がない、なんて声も聞こえてきそうです。

だからこそ私は、やることとやらないことをキッパリと決めてしまうことが大切だと考えています。

「やらないことリスト」で日々の余白を

中でも重要なのは、「やらないこと」を決める、です。

考えてみると、私たちは常に「やらなければいけないこと」に追われる毎日を送っています。TODOリストはいつもいっぱいで、終わらずに翌日に繰り越しがち。新しい日が来れば、また別の「やらなければいけないこと」が降ってきます。

だからこそ、惰性で行っているけれど本当はやらなくてもいいこと、本音ではやりたくもないのにやっていたこと、ほかの人に任せても支障がないことなどを「やらないことリスト」として書き出し、見える化することが大切なのです。

たとえば、私の「やらないことリスト」の一部は以下の通りです。

1 ブログやインスタは毎日更新しない
2 交流会などのお誘いは断ってもいい
3 毎日歩かなくてもいい

いかがでしょう。意外だと思われる項目もあるのではないでしょうか。

フリーランサーとして働くのであれば、SNSは毎日更新して当然という風潮があります。現に私も、ブログやインスタを毎日更新していた年もありました。ですが最近は、毎日更新するのが辛いのであれば、しっかりとした内容のものを一日おきにお届けできればいいのではないかと割りきって考えています。

同じように、人脈を作る交流会には万難を排して出席すべきという考え方がありま す。私もできるだけ参加するように努めていましたが、無理に出席して自分を疲れさせることはないと考えを改めました。

また、私はウォーキングインストラクターとして正しい歩き方を教える立場ではありますが、外に出たくないときやパソコンに向かう仕事が積み上がっているときには、お散歩にさえ出かけないことがあります。もちろん、毎日歩いたほうが体に良いのは当然です。ただ、それが今日の自分にとっては苦痛であり、たとえ外に出ても心ここにあらずな歩き方しかできそうにないというのであれば、「歩くべき」に無理にこだわらなくても良いというのが私の持論です。

こういった考え方を甘いとおっしゃる方も多いと思います。「やらないこと＝逃げること」じゃないかという意見もあることでしょう。

ですが私は、背伸びが必要なチャレンジは自分が納得してやるべきであって、「他人がやっているからやらなくては」という考えでは続かないと考えています。

納得して設定したチャレンジは、何があってもやり遂げるという心の強さを育んでくれる。でも、みんながやっているから私もやらないと……という気持ちで設定したチャレンジは、自分の余白を奪うだけだと考えています。

自信は自分との約束ごとを守ることで磨かれる

静かに湧き上がる感情を自信と呼ぶ

自信というのは、どんなときに生まれるものなのでしょうか。

誰かと比較して、「私のほうがうまくいった」「私のほうがすごい」と感じたときに生まれるのでしょうか。

たしかにそれもあるかもしれません。何かのコンテストで賞を取ったとか、何かの資格試験に合格したなど、わかりやすい指標をクリアすることができたら、とても大きな自信になりそうな気がします。

ですが、私はそんな華々しいものではなく、もっと静かに湧き上がるような感情を自信というような気がしてなりません。自分が「こうしよう」「こうしたい」と設定した小さな約束ごとを守ることができたときに、自信という感情が湧き上がってくるように思うのです。

私は2018年に「第9回　全国・講師オーディション」にて優秀賞をいただきました。

私はこの賞を取るために、誰よりも真剣に取り組み、練習を重ねてきたと自負しています。内容を磨くにあたって信頼できる方にアドバイスをいただいたり、友人たちにお願いしてたくさんの投票をいただいたりもしました。

だからこそ、賞を取らなければという責任感がありました。その重圧や緊張に勝ち、賞をいただいた瞬間の達成感の大きさは、今でも鮮明に覚えています。


ですが、賞を取ったという「達成感」は、「自信」とは少し違った感情でした。

受賞したというのは、スタートラインに立ったというだけのこと。そこから講演家としての真の自信を得るには、ひとつひとつのお仕事と真剣に向き合い、小さな成功体験を積み重ねていくしかないのです。

私はまだまだ講演家としての自信を持つことはできていません。これは今後、少しずつ経験を積み上げながら育てていくしかないと考えています。

宝石のような自信のタネを持つ

では、何が私の自信のタネになっているのか？

それはとても些細なことなのですが、「毎日壁立ちを続けている」ということと、「ブログの執筆を続けている」ということです。

壁立ちは、毎朝の洗顔や歯磨きの際に、必ず数分、深い呼吸とともに行っています。コラムにも方法を書きましたが、決して難しいことではありません。ですが、続けることで体と心のあり方が大きく変わってきたという実感があります。

ブログの執筆に至っては、毎日ではなく、一日おきです。かなり甘い自分との約束ごとですが、それでも小さな何かを続けているというのは、自信の裏付けとなります。

自分との約束ごとを果たすと、他人には見えない自分を支える柱になります。

「私にはこんな成功体験がある」

「私はこれを続けている」

この感情が、何かの折に大きな力となるのです。

私の知り合いには、定期的な筋トレが自分との約束ごとだという人がいます。普段は服の下に隠れているけれど、引き締まった腹筋と背筋《はいきん》が自分に自信を与えてくれるのだと話してくれました。

毎日のお弁当作りが自分との約束ごとという人もいらっしゃることでしょう。

家庭の炊事洗濯を担っているということだって、立派な自信のタネです。


自信のタネは、小さな宝石のようなもの。何かの折に取り出して見てみると、その輝きに励まされることがあります。

あなたが続けている、自分との約束ごとは何でしょうか。

何でもいいです。ひとつ自分と約束をして、それを達成してみませんか？


自信のタネは、意志の強さや気高さの元となります。

品格を感じさせる人は、必ず宝石のような自信のタネを持っています。

からっぽになる時間を作る

「余白」がないと感覚や感情が麻痺する

もう10年以上前のことです。40歳を目の前にした頃、うまく文章が書けない時期がありました。ライターとしての仕事に脂が乗っていて、書籍のライティングなどのお仕事をたくさんいただいていた時期です。

そのときに感じたのは、幅広い世代の人をターゲットにしたビジネス書や実用書のライティングはできるけれど、学生さん向けにターゲットを絞った記事のライティングがしづらくなったということでした。

若い人向けに、若い人にインタビューをして文章を書く。そんな作業を経て生まれてきた文章なのに、取材相手の勢いやとんがった雰囲気の再現が今ひとつの、丸まった文章になってしまう……。

そんな感覚に陥ってしまったのです。

当時は単純に、「自分が年齢を重ねすぎてしまったから、学生さん向けの文章が出てこなくなってしまったのではないか」と思っていました。

「こうして人は、どんどん老いていくんだな」

「歳を重ねたら、そのぶんフィールドも変えていかなければならないんだな」

そんなふうに自分を慰めて、納得していました。


ですが、今ならよくわかります。

年齢は、それほど大きな要素ではありません。そのときの私には、「余白」というものがなかっただけなのです。

日々のやるべきことに追われ、仕事もそれなりに重なってくると、一日がみっちりとスケジュールされます。ここからここまでは仕事。ここからここまでは移動時間。遊びや趣味の予定までホイホイと入れていくと、スケジュール帳が埋まっていく快感はありますが、心の余裕はどんどんなくなっていきます。

当時の私は、頭の中や心の中がいろいろなものでパンパンに詰まっていて、知らず知らずのうちに感覚や感情が麻痺してしまっていました。家のことも仕事も、できるだけ多くのことを頑張って成し遂げたいと思えば思うほど、本来の私が持っていたはずの柔らかな感受性が押しつぶされ、ペシャンコになってしまっていたのです。

本当に忙しくしている人に比べたら、私なんてまだまだ自由になる時間があったほうだと思います。睡眠時間だって、申し訳ないぐらい十分に取っていました。

ですが、自分に必要な「余白」は、自分にしかわかりません。

誰かさんよりも暇があるから大丈夫、というわけにはいかないのです。

自分だけをもてなす一人の時間を持つ

さらに、もうひとつ大切なことがあります。自分らしい感覚や感情を守るためにも、一人の時間を持つということです。

もちろん、家族や友人との時間はかけがえのないものですし、その一瞬をともにできることに感謝しなければなりません。ですが、まっさらな自分に戻る時間も、同じくらい大切です。

自分が好きなものを見て、自分が好きな場所に行き、自分が好きなものを食べる。本屋さんで心がときめく本をチェックしたり、行ってみたかったお店や展覧会に足を運んだりといった一人の時間は、誰にも邪魔されずに自分だけをもてなすことができる、何にも代え難い時間です。

こうした時間を意識的に取るようにしてから、少しずつ私は私に戻っていきました。余白を確保すべく諦めた仕事もありましたが、そのぶん新しい仕事ややりたかった役割が入ってくるようになりました。

もしも今、小さな幸せを感じられず、感覚や感情が麻痺してきたように感じたら。それは、あなたに余白が足りないサインです。一見楽しい遊びや趣味の予定であっても、あなたの余白を押しつぶしている可能性があります。

からっぽになれる時間や、自分に対するおもてなしに集中できる時間は、意識して確保していかないとどんどん潰されてしまいます。

10分でも15分でも構いません。

誰にも気を遣わない、からっぽになれる時間を作ってみてください。

「面倒」は「放棄」ではない

手をかける甲斐のある「楽しい面倒」

やらないことを先に決めていい、自分との約束ごとは小さなことでいい、からっぽになる時間を取って余白を作ろう……。

こんなことをお話ししていると、必ず指摘されることがあります。

「じゃあ、面倒なことは全てやらなくてもいいというわけ？」

「努力をせずに人生うまくいくはずはない！」

……そうおっしゃる気持ちもわかります。真面目な人ほど、そう感じるかもしれません。

ですが、私はこう思うのです。

「面倒なこと」には、むなしい面倒と、楽しい面倒がある。楽しい面倒のことを、人は「努力すべきこと」と言い換えているだけなのではないかと。

私が人生で最もむなしいと感じた面倒なことは、定期的に白髪染めをするという行為でした。

染めた直後はまだいいのですが、数日経てば、きらりと白く光る根元にイライラ。害虫を駆除するがごとく頭皮を薬剤で痛めつけながら染めなければならない。それも、1か月に一度では間に合わず、2、3週間に一度のペースで染め続けなければならないというのは、私にとってむなしいとしか言いようのない面倒でした。

では、白髪染めをやめてグレイヘアになったら楽になったかといえば、実はそんなことはありません。せっかくの白髪が美しく見えるようにツヤを出したいとか、この髪色に映えるおしゃれがしたいなど、あれこれ欲が出てきて、工夫をし始めるとキリがないのです。

しかしそれは、私にとっては手をかける甲斐のある面倒であり、楽しい面倒でもあります。本当の自分の姿を受け入れて付き合っていく面倒くささは、10代の頃、自分の顔や体型の欠点に向き合いつつ、なんとかかわいく見せる方法はないものかとあがいた当時を思い出させてくれる、微笑ましいものでした。

どうせなら、楽しい面倒をしたい。お金や手間をかけるのであれば、苦行のような消費ではなく、自分の心を丸く整え、豊かな気持ちになるための投資をしたい。

そんなふうに思いませんか?

「楽しい面倒」は理想を形にしたもの

あなたにとっての「楽しい面倒」というのは、あなたが心の奥底で握りしめている「こうありたい」「こう生きたい」という理想を形にしたものです。

白髪染めが楽しい面倒であるのなら、きっとあなたはフレッシュな魅力を磨き続けることが好きで、苦にならないタイプなのでしょう。

資格試験の勉強を続けることが面倒だけれどワクワクするという人は、学ぶ楽しさを追求し続けたい人なのかもしれません。

「こうありたい」「こう生きたい」という理想があるのに、全く関係のないさまざまなことに気を遣い、時間を取られて振り回されていると感じているのなら、物事の優先順位を整え、頭も心も体もその理想のために使うべきだと私は考えています。

自分にとっての面倒ごとをひとつひとつ精査し、手放してしまっても良い面倒なのか、努力を続けても苦にならない面倒なのかを判断してみてください。

あなたの生活が「楽しい面倒」ばかりになったとしたら、きっと人生に広がりが出てきます。


私の場合、グレイヘアを素敵に魅せるための面倒なあれこれを楽しんでいたら、グレイヘアをキーワードにしたお声がけが広がっていきました。

今最大の楽しい面倒ごとであるウォーキングも、その存在を知ったのは、グレイヘアモデルとしてメディアに出たときに教えていただいたのがきっかけです。

その後、コロナ禍を経て真剣に学び始めたというのは、すでにお話しした通りです。

人生、何がどう転んで展開していくのか、全く予想がつきません。

予想できないからこそ、むなしい面倒は思い切って手放し、楽しい面倒にだけ目を向けて、余白を持って生きていくことが大切なのではないかと実感しています。

足をほぐすと直感力も身につく

体のセンサーが鈍くなると心のセンサーも鈍くなる

「嫌なことを必要以上に我慢を重ねて頑張ってしまう人」は、心も体も我慢することが通常営業になってしまいがちです。

何が快感で、何が不快なのか。

あなたは、自分の心と体のセンサーに自信がありますか？

「『痛い』と『気持ちいい』と『イタ気持ちいい』の違いが、今ひとつよくわからないんです……」

そんなことを訴える人も、実際にいらっしゃいます。体のセンサーが鈍くなってしまっている人は、心のセンサーも感じないようになっているのかもしれません。

その逆も、またしかり。心のセンサーが鈍くなってしまうと体を酷使してしまい、病気になって初めて無理をしていたことに気づく……なんてことにもなりかねません。

安全や危険を瞬時に判断し、自ら決定して行動していく直感力（心のセンサー）を磨くためにも、まずは体のセンサーを目覚めさせていくことが大切です。

体のセンサーを目覚めさせる方法として、私は一日の終わりにゆっくりと足をほぐすセルフマッサージをおすすめしています。

ところで、「ほぐす」というのは、どのくらいの力で、どこを刺激すればいいのでしょうか。

詳細を文章でお伝えするのは難しいのですが、足の甲から足指、足の裏、カカトまでを両手で包み込んで圧をかけたり、指先で押して刺激を与えたりしながら揉んでいきましょう。心地よい感覚を得ることができたら、それが正解。「心地よさ」が今のあなたにとっての最適解を教えてくれるはずです。

余力があれば、ふくらはぎや太ももも、同じようにほぐしてください。

どのくらいの圧を、どのあたりにかけると心地よいのか。

翌日はどんな感覚になるのか。

体の感覚をキャッチする感性は、人生を心地よく過ごしていくためにも必要なものだと私は信じています。

むくみ解消には「足指ジャンケン」もおすすめ

足のケアは、「今日も一日ありがとう」の気持ちをこめて、お風呂でゆっくりと揉みほぐすだけでも十分。お風呂上がりに良い香りの保湿クリームやオイルを使ってマッサージするのも効果的です。


さらに足のむくみを解消したいときは、マッサージと同時に「足指ジャンケン」にもトライしてみましょう。

手でジャンケンをするのと同じように、足の指で握り拳を作ってグー、足の指を全て開いてパー、足の親指だけ高く上げて（逆に下げる方法もあります）チョキをするだけなのですが、なかなか上手に動かせないという人も多いと思います。

足の指の動きが良くないと、歩行時のバランスが取りづらくなります。さらに、土踏まずの空間が潰され、体重による衝撃を逃しづらくなってきます。

その結果、ふくらはぎや太ももといった「脚」に必要以上の負荷をかけてしまい、太くなってしまうという悪循環が生まれます。

毎日続けると、足のスッキリ感が増してきます。

やがて脚にかかる負荷も軽減し、気になる太さも変わってくるはず。

そんな実感を得る頃には、心や体のセンサーも十分に目覚め、人生を舵取りしていくのに欠かせない直感力も磨かれていることでしょう。

靴選びは人生を決める

シーンに合う靴を履いて印象をコントロール

皆さんは、靴を何足お持ちですか？

平均何足ぐらい持っているものなのだろうと思って調べてみたのですが、出典によって大きく数が異なり、平均値はよくわかりませんでした。

ですが、私の肌感覚で言うと、10〜20足ぐらいお持ちの方が多いような気がします。少なくとも、カジュアル用とフォーマル用、雨の日用、サンダルやブーツなどのシーズンアイテム、スポーツ用など、いくつかの用途によって1足か2足ずつ持っているという人が多いのではないでしょうか。

そんな手持ちの靴を、朝、どう選ぶのか。

大袈裟に聞こえるかもしれませんが、私は、靴選びは人生を決めるほどの影響力があると考えています。

快適に歩きたい日やスポーツをしたい日は、足にフィットしたスニーカーを選ぶはずです。そんな靴を履いた日は、知らず知らずのうちに手足を大きく動かし、颯爽と歩いていることでしょう。

一方で仕事においては、シーンに合った靴を履くことで相手の印象をコントロールすることができます。

たとえば、初対面の相手がフラットヒールで甲を深く覆う形の革靴を履いていたとしたらどうでしょう。細やかな仕事ができる真面目な人という印象を持つような気がしませんか？　縁の下の力持ち的な仕事が得意といったイメージを持つ人もいるかもしれません。

反対に、同じ人が同じスーツで、女性らしいハイヒールを履いていたとしたらどうでしょう。おしゃれスニーカーでカジュアルダウンしていたとしたら？

先ほどと同じように仕事ができそうな印象を持ったとしても、その細部は少し異なるはずです。ハイヒールなら、人前に出る機会が多い華やかな職種の人という印象を持つのではないでしょうか。スニーカーなら、明るくフットワークの軽い人かなと感じるかもしれません。

このように細かな印象の違いを演出できるからこそ、朝の靴選びは重要です。私もライターとしてインタビューに出向くときは、相手に合わせて靴を選んでいます。企業のトップに話を聞くのなら、派手すぎず地味すぎないミドルヒールの上品なパンプス。芸能人のインタビューなら、その人の雰囲気に合わせつつ、少し個性を感じさせるものを。

相手が小柄な方であれば、見下ろすような体勢にならないようハイヒールを履かないというのもひとつの気遣いです。

今日をどんな一日にしたいか？

大袈裟かもしれませんが、「今日はこれでいいや」と適当な靴を選んだとしたら、その日一日は適当に過ぎていってしまうような気がします。

逆に、「今日はこんな日にしたいから、この靴を選ぶんだ」という気概を持って選んだとしたら、思い描いた出来事を引き寄せられるような気がしてなりません。服と違ってとても小さな面積の靴ですが、靴によって歩き方や所作までが変わってくるからこそ、妥協なく選ぶべきだと私は考えています。

もちろん、天候などによって「今日はどうしても履いていけない」という靴もあるでしょう。土砂降りの日に本革のハイヒールは、靴のためにも良くないですし、何よりあなたの安全を確保できません。

ですが、「今日の交流会はエレガントな雰囲気で参加したい」と思うのなら、荷物になったとしてもハイヒールを持っていって履き替えるべき。その一手間によってあなたの印象が大きく変わり、人生までもが変わる可能性もあるのですから。

靴はあなたの印象をピリッと引き締め、あなたという人を雄弁に語るアイテムだということを忘れずにいてください。

毎日歩かなくてもいい。立ち止まることが大切

続けられないからと自分を責めるのは違う

さて、この章の冒頭で、私はウォーキングインストラクターとしてあるまじきことをお伝えしました。

「やらないことリスト」のひとつ、「毎日歩かなくてもいい」という項目です。

もちろん本文でも書きましたが、毎日歩いたほうが体に良いということは説明するまでもありません。

「お散歩に行こうかな、どうしようかな」と迷っているのであれば、とりあえず靴を履いて外に出てしまったほうが良いに決まっています。

ですが、外に出て歩くことが今日の自分にとっては苦痛であり、外に出ても心ここにあらずな歩き方しかできそうにないくらい、ほかのことに頭や心が持っていかれて

いるのであれば、「毎日歩くべきである」ということに無理にこだわらなくても良いのでは、というのが私の考え方です。

毎日何かを続けるということは、小さな自信のタネとなる素晴らしいことです。毎日の運動、毎日の日記、毎日のお掃除。

継続は力なりとも言いますが、何ごとも続けることが難しいからこそ、続けられた人は胸を張り、自分を誇ってください。

ですが、続けられなかったからといって、自分をひどく責めるのもまた違うと感じています。

以前、とある著名な方が講演で、「私は高熱にうなされた日も親が死んだ日も、毎日毎日ブログを書き続けた。それが今の私を作っている」といった内容のことをおっしゃっていました。それを聞いた隣の席の友人が、

「いや……私には無理やわ」

と呟いたのです。

かくいう私も、同じように感じました。そして、そんな言葉を聞いただけで無理だと思ってしまう自分はなんて弱いのだろう、こんな場に来てはいけなかったのかもしれないと、疎外感を持ったのです。

誰かのではなく自分のペースで

もちろんその著名な方も、自分と同じように何かを続けろと言ったわけではありません。「そのくらい辛いときもひとつのことを続けたからこそ、自信を育むことができた」ということを伝えたかったのだと思います。

ですが、「辛いこと」の捉え方は人それぞれ。あなたにとってはハードすぎることであっても、ほかの人にとっては大したことはないのかもしれません。あなたにとってはたわいのないことが、ほかの人にとってはハードだという場合もありえます。

あるいは、その人は親の死という辛すぎることをあえて頭の中から追い出すために、日々淡々と続けていたブログ執筆という行動に逃げただけなのかもしれない。本当のところは、他人があずかり知るところではありません。

陳腐な言い方になりますが、人は人、自分は自分。

人と比較して自分をジャッジすることほど、意味のないことはないのです。

毎日歩くことも同じです。適度な運動は健康に良いですが、ときに立ち止まることは、心の健康のためには欠かせません。

自分の感情は、今、どうなっているのだろう。

自分の心身の状態は万全だろうか。

セカセカ、イライラと義務感に駆られながら雑に歩くくらいなら、一度立ち止まって自分を見つめ直してみてください。

あえて立ち止まることで、自分の周りの環境や、人々の優しさに気づくこともあります。

世界は敵ばかりだと思っていた人も、よくよく考えてみたら、世界は優しさにあふれていることに気づくかもしれません。

歩くことは生きること

あなたの道をどう歩むか、決めるのはあなた

人生は、しばしば道にたとえられます。一本道の場合もあれば、枝分かれが続く道もある。グネグネと曲がりくねった道もあることでしょう。

そんな道を歩いていくことが私たちの運命だというのであれば、なるべく美しく、朗らかに、品良く歩いていきたい。

適当に歩いていても差し迫った問題はなさそうだし、下を向いていようと上を向いていようと、一歩一歩前に進んでいることには変わりありません。

ですが、視線を上げて笑顔で歩いたほうが気持ちも良いし、きっと面白い景色にも気づきやすくなるはずです。

自分の道と交差した道を歩くほかの人と挨拶を交わしたり、しばらくのあいだ並行

した道をともに歩き続ける仲間と出会ったりするかもしれません。

歩いている途中で不安に駆られたり、分かれ道でどちらに行くか悩んだりすることもあるでしょう。そんなときは、遠慮なく道端で一息つきながら、ゆっくりと考えてみたらいい。

あなたの道をどう歩むか、決めるのはあなたです。

通りすがりの人の意見に振り回される必要はありません。意見にはありがたく耳を傾けつつ、それを採用するかしないかは、あなたが決めたらいいのです。

丁寧に楽しく歩けば、おのずと人生は好転する

十分に英気を養ったら、また立ち上がって歩いていきましょう。丁寧に楽しく、体全体を上手に使って歩いていけば、おのずと人生は好転していきます。

足を踏み出し、歩き続けることは、人生になぞらえることができます。

実際の日々においても、歩くことは人生に欠かせない、彩り豊かな活動です。

自分の足で移動できる人であるならば、立つことと歩くことは毎日必ず行っている動作であるはず。その立ち姿をより正しく、美しく整え、一歩一歩堂々と進んでいくことで、目的地に向かう意志がより明確になっていきます。

姿勢良く、颯爽と歩いている人に向かって、あえて邪魔をして難癖をつけてやろうとする人はいません。もしもそんな人がいたら、毅然とした態度で相手にしなければいいだけです。

歩くことは、新しい発見や経験を得る上でも欠かせない行動です。

ゆっくりと丁寧に歩いていると、普段は気づかなかった景色や音、香りなどを感じることができます。自然と呼吸も深くなり、心身をリラックスさせてストレスや疲れを解消することもできます。

その一歩一歩が理想の体を作り、また、何ごとにも動じない心を作るとしたらどうでしょう。

何も考えずに雑に歩くなんて、もったいないと思いませんか？

どうせ歩くのであれば、美しく、品良く歩きましょう。
大丈夫。あなたはもう、誰にも真似できないあなただけの「綺麗」を手にしています！

前を見据えた眼差し、スッと伸びた背筋、滑らかに動く肩甲骨、しっかりと大地を踏みしめて蹴り出す足……。

あなたの堂々としたその姿は、思わず目で追いたくなるほど綺麗です。
その姿勢、その歩きで、あなたオリジナルの人生を楽しみ尽くしてください。

おわりに

自分を好きになると、世界は優しく回り始める

20代、30代の私は、何をするにも「頑張ることが当然」と信じて生きてきました。人並み以上に勉強を頑張らなければ。仕事ができるようにならなければ。美容や健康に関しても努力をして当然と頑張ってきました。

それなのに、なぜかいつも不安と恐れに追いかけられていました。頑張って自分に何かを足し続けないと素晴らしい未来にはたどりつけないと思い込んでいたのです。

頑張ることは、もちろん悪いことではありません。でも、しっかりとした土台のないところに頑張りというレンガを積み重ねていっても、逆風が吹いたとたんに崩れてしまいます。

土台というのは、素の自分を認めること。今の自分を好きになり、小さな自信を取り戻した上での頑張りは、しなやかな心と体の軸となってあなたをよりいっそう輝か

せてくれるはずです。

本書を世に出すにあたり、WAVE出版編集部の枝久保英里さんと、フリー編集者の時政美由紀さんに多大なるお力添えをいただきました。年代の異なるお二人の視点が入ることで、より本書に説得力が増したと感じています。

また、これまで出会った生徒さんや、ブログやSNSの読者の皆さんにも感謝申し上げます。皆さんがくださる愛に満ちたお言葉が私の原動力となっています。

そしてもちろん、優しく厳しく私を支えてくれる夫にも、最大限のありがとうを込めて。

本書があなたの姿勢を変え、人生までも好転させるきっかけになりますように。

朝倉真弓

朝倉真弓

1971年8月、東京都生まれ。アパレル会社、出版社、編集プロダクションを経て、1999年よりフリーランスライター。

2016年、45歳のときに、27年間続けてきた白髪染めを止め、翌年46歳でグレイヘアに生まれ変わる。NHK「あさイチ」「助けて！きわめびと」などのテレビ番組をはじめとしたメディア出演多数。2018年の新語・流行語大賞にノミネートされた「グレイヘア」ブームの立役者として、コンプレックスを抱える人に勇気を持ってもらうための講演や執筆、商品開発などを行う。2021年50歳でウォーキングインストラクターの資格を取得。「自信に満ちた女性を増やす」をミッションに、「気持ち」と「姿勢」「歩き」を変えて人生を花開かせる活動を継続中。著書に『逃げたい娘　諦めない母』(幻冬舎)、『「グレイヘア」美マダムへの道: 染めるのやめたら自由になった!』(小学館)などがある。

HP　https://asakuramayumi.com/

背筋を伸ばしてみたら、
私は綺麗だと気づいた

2023年9月13日　第1版　第1刷発行

著　者　朝倉真弓

発行所　WAVE出版
〒102-0074　東京都千代田区九段南3-9-12
TEL 03-3261-3713　FAX 03-3261-3823
振替 00100-7-366376
E-mail: info@wave-publishers.co.jp
https://www.wave-publishers.co.jp

印刷・製本　中央精版印刷株式会社

NDC 159　207p　19cm　ISBN978-4-86621-455-9